L

Le Sorbier

DoGi

Texte original
Bernardo Rogora
Illustrations
Alessandro Bartolozzi
Lorenzo Cecchi
Inklink, Florence
Andrea Ricciardi
Claudia Saraceni
Sergio
Giacomo Soriani

ÉDITION ORIGINALE
Édition : **Andrea Bachini**
Graphisme : **Sebastiano Ranchetti**
Mise en pages : **Laura Ottina**

ÉDITION FRANÇAISE
Le Sorbier, Paris

Réalisation
ML Éditions, Paris
Traduction : **Marie Ducand**

ISBN 2-7320-3623-4

Imprimé en Italie en 1999

Sommaire

Naissance d'une puissance

Entre le VIIIe et le IVe siècle avant Jésus-Christ, un petit village de paysans-soldats se transforme en une puissante cité-État. Les Romains font très rapidement preuve d'ouverture aux autres cultures, d'une grande discipline militaire et administrative, d'intelligence politique et d'originalité juridique.

Lorsqu'une communauté constituée à partir d'une petite bourgade devient progressivement une puissante cité-État, elle s'attribue inévitablement de nobles origines.

Ainsi les Romains, au fur et à mesure de la croissance de leur empire, ont-ils élaboré le mythe de la naissance de leur cité : la légende fait état du 21 avril 753 av. J.-C. En réalité, il n'existe aucune date précise pour situer la fondation de la ville, qui s'est formée progressivement par la réunion de plusieurs villages des collines dominant la vallée du Tibre, dans la région du Latium, en Italie centrale. Dès le Xe siècle av. J.-C., il existait un établissement sur le Palatin, qui, parmi ces collines, était la plus escarpée et donc la mieux défendable contre les envahisseurs. D'autres petits villages se constituèrent au fil du temps sur les autres monts, qui prirent peu à peu de l'importance. Les communautés indépendantes qui vivaient sur les hauteurs se réunirent

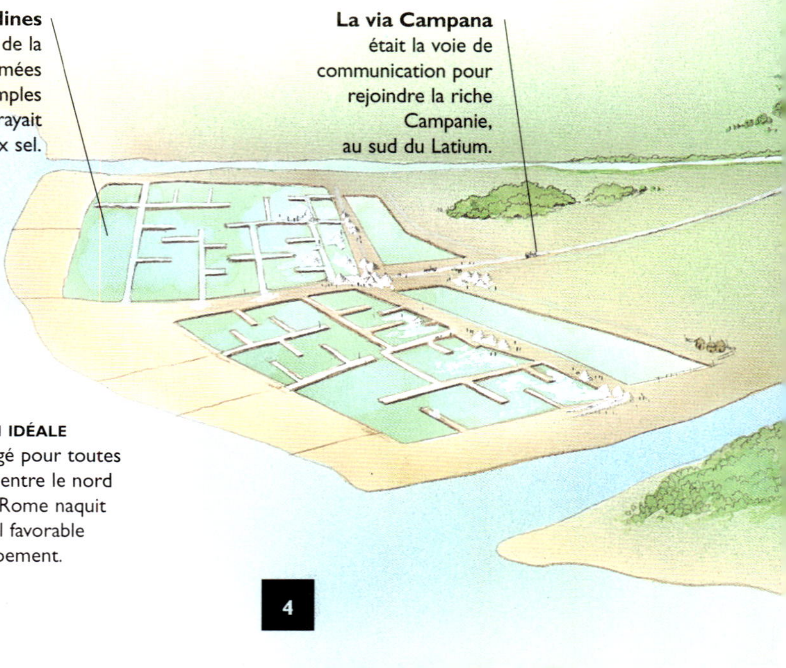

Une position idéale
Point de passage obligé pour toutes les communications entre le nord et le sud de l'Italie, Rome naquit en un lieu naturel favorable à son développement.

progressivement, surtout grâce à l'importance croissante que prit la plaine à leurs pieds comme carrefour de transport commercial terrestre et fluvial.

Le Tibre, comme tous les fleuves dans l'Antiquité, était une voie de communication essentielle ; il eut une influence décisive dans ce processus. À une vingtaine de kilomètres de son embouchure sur la mer Tyrrhénienne, le Tibre déroulait ses méandres à proximité de plusieurs collines aisément défendables ; une petite île favorisait sa traversée, et les terres de la plaine aux alentours avaient été rendues fertiles par le dur labeur des populations villageoises des collines. Cette combinaison extraordinaire d'éléments favorables avait concouru à la formation d'un centre commercial juste au croisement du fleuve et des voies terrestres sur ses rives.

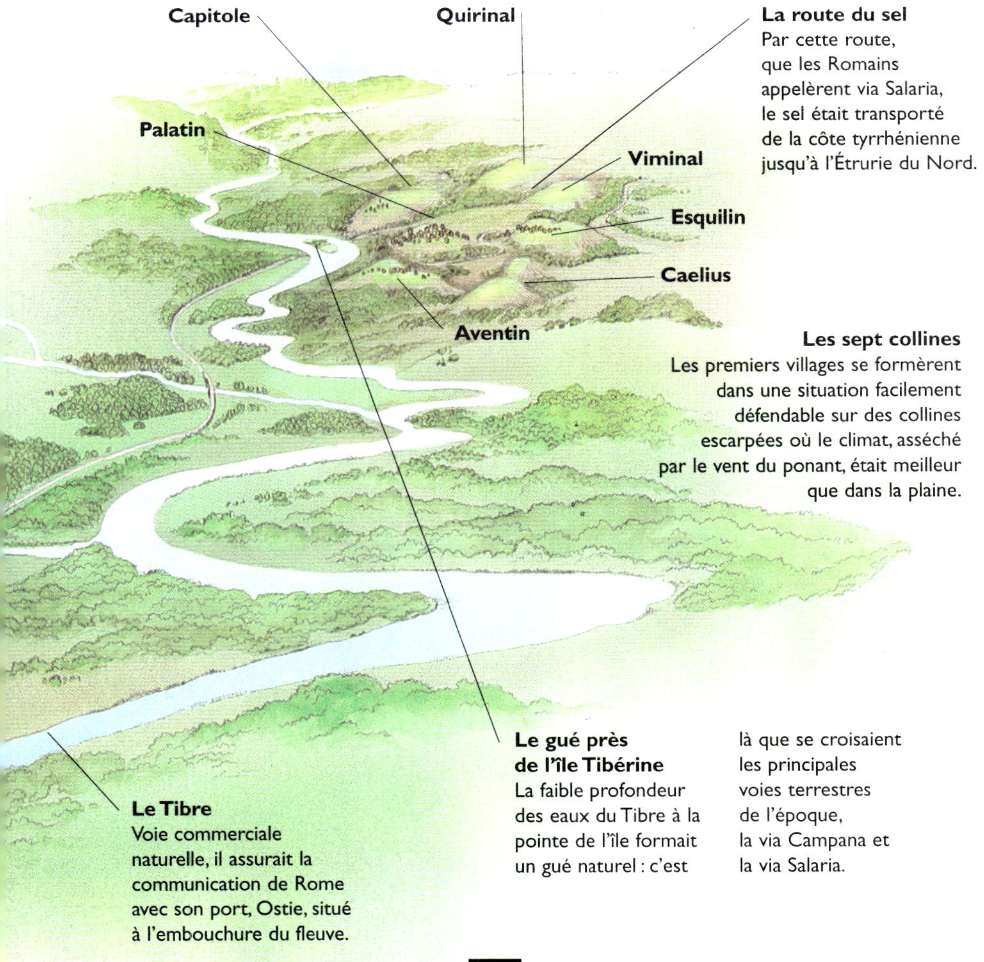

La route du sel
Par cette route, que les Romains appelèrent via Salaria, le sel était transporté de la côte tyrrhénienne jusqu'à l'Étrurie du Nord.

Les sept collines
Les premiers villages se formèrent dans une situation facilement défendable sur des collines escarpées où le climat, asséché par le vent du ponant, était meilleur que dans la plaine.

Le gué près de l'île Tibérine
La faible profondeur des eaux du Tibre à la pointe de l'île formait un gué naturel : c'est là que se croisaient les principales voies terrestres de l'époque, la via Campana et la via Salaria.

Le Tibre
Voie commerciale naturelle, il assurait la communication de Rome avec son port, Ostie, situé à l'embouchure du fleuve.

Le village sur le Palatin fut le noyau originel de la cité de Rome. La culture et les coutumes rurales et pastorales constituèrent les vertus fondamentales du peuple romain, profondément attaché à ses origines paysannes.

Le nom de Rome dériverait du mot étrusque *rumon* signifiant « le fleuve ». Ci-dessus, le Tibre et l'île Tibérine.

Le marché
Sur la rive gauche du Tibre, en face de l'île Tibérine et du gué, en un lieu connu sous le nom de forum Boarium, s'établit un centre commercial, lointain ancêtre de nos marchés d'aujourd'hui.

Les maisons étaient des cabanes en bois au toit de paille, de forme plus ou moins circulaire. Chacune d'elles était entourée d'un fossé qui permettait d'évacuer les eaux de pluie.

L'habillement consistait en une tunique de toile serrée à la taille par une ceinture de cuir ou une bande de tissu.

L'agriculture
À côté de l'élevage traditionnel, de la pêche et de la chasse, le dur travail de déboisement et de bonification des terres transforma les Latins en véritables agriculteurs.

La langue latine
Le latin des origines était mélangé de mots grecs et de termes d'autres idiomes italiques. Une autre langue, totalement différente, était répandue dans l'Italie du Ier millénaire : l'étrusque. À droite, cippe de Pérouse portant des inscriptions de type juridico-religieux dans cette langue.

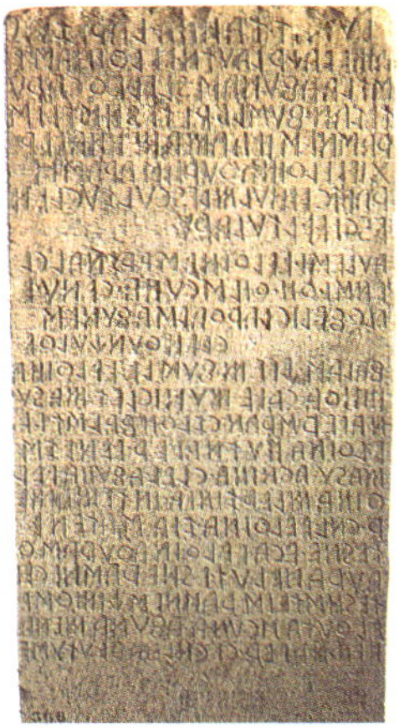

Trois groupes ethniques différents, les Latins, les Sabins et les Étrusques, gravitaient dans cette zone entre le VIIIe et le VIIe siècle.

Les Latins

Les Latins s'étaient établis entre le bas cours du Tibre et les monts Albains au début de l'âge du fer, vers l'an 800 avant notre ère ; en fait, durant l'âge du bronze, le Latium était pratiquement inhabité, car la région était alors sujette à de fréquentes éruptions volcaniques.

Les Latins étaient un peuple d'éleveurs et d'agriculteurs autosuffisants, et leurs villages entretenaient des rapports d'échanges fréquents et suivaient des rites religieux communs. La cité d'Albe-la-Longue était le centre d'une ligue (le *Septimontium,* « les Sept Monts »), qui célébrait chaque année l'union de son peuple par des sacrifices solennels donnés sur le Monte Cavo.

Ainsi, au VIIIe siècle, le Latium était principalement constitué de petites fédérations de villages et d'alliances de caractère religieux. Les Latins avaient en outre des contacts avec les Sabins, lesquels, venus de leurs territoires montagneux moins favorisés économiquement, s'étaient progressivement rapprochés des vallées et des collines habitées par les Latins, plus évolués sur le plan agricole. L'archéologie a permis de retrouver des vestiges d'établissements sabins sur les collines du Viminal et du Quirinal dès la seconde moitié du VIIIe siècle av. J.-C.

Les Indo-Européens

Latins et Sabins appartenaient à la grande famille des Indo-Européens. Au VIIIe siècle avant notre ère, la péninsule italienne était habitée par une grande variété de communautés : parmi celles-ci, les peuples qui furent par la suite définis comme italiques avaient en fait une même origine indo-européenne.

L'alphabet pénétra en Italie au cours du VIIIe siècle av. J.-C. Jusqu'à cette date, aucune civilisation d'importance ne s'était fait jour dans la péninsule, à la différence de ce qui avait caractérisé les pays de la mer Égée ou de l'Asie Mineure.

Politiquement, l'Italie était alors constituée d'un grand nombre de cités-États, et culturellement s'y exprimait une forte diversité linguistique et ethnique : on a pu dire communément que l'Italie était alors une mosaïque de peuples. Avant le Ier millénaire avant notre ère, plus de vingt populations italiques d'origine indo-européenne étaient établies dans la péninsule.

MYSTÉRIEUX INDO-EUROPÉENS
Depuis le siècle dernier, linguistes, archéologues et historiens tentent de percer le mystère des origines et des caractéristiques de cette famille de peuples qui, entre le Ve et le IIe millénaire, ont accompli d'innombrables migrations depuis les steppes de la Volga vers l'Europe et l'Asie.

La famille
L'organisation sociale des Indo-Européens était fondée sur les clans, grandes familles descendant d'un unique ancêtre. Le chef de famille avait un pouvoir absolu sur tous les membres du clan.

Les peuples indo-européens
Par de grandes vagues migratoires successives, en fusionnant avec les peuples indigènes ou en se substituant à eux, les Indo-Européens donnèrent vie à des civilisations originales autant que variées : Albanais, Arméniens, Baltes, Celtes, Daces, Germains, Grecs, Italiques, Indiens, Iraniens, Macédoniens, Slaves, etc.

Zone d'expansion des Indo-Européens

Par la suite sont arrivées des populations d'autres origines et notamment des Grecs, dont les colons avaient fondé, à partir du VIIIe siècle, de florissantes cités côtières dans le sud du pays puis en Sicile, donnant naissance à la Grande-Grèce.

Enfin, il existait d'autres peuples non indo-européens, dont le plus important était les Étrusques.

Entre mythe et légende

C'est dans cet ample panorama de cultures et de peuples différents qu'eurent lieu, au VIIIe siècle, les premiers pas de Rome. La légende créée plus tard par les Romains afin d'anoblir leurs origines nous raconte que Rome fut fondée par Romulus, fils de Mars et descendant du héros troyen Énée, lui-même engendré par Vénus. Ainsi le peuple

La louve
Le mythe de la fondation de Rome ne prit sa forme définitive qu'au IIe siècle av. J.-C. Énée, ayant fui Troie, arriva sur les côtes du Latium, où il fonda une dynastie royale. Deux de ses descendants, les jumeaux Rémus et Romulus, furent abandonnés à la naissance sur les rives du Tibre, sauvés par une louve qui les allaita, puis recueillis et élevés par un pasteur sur les collines de la rive gauche du fleuve. C'est en ce lieu que Romulus aurait fondé Rome en 753 av. J.-C.

Inauguratio
Le vol des oiseaux permettait de connaître la volonté des dieux. Cette antique pratique religieuse fut appelée *avispicium* (en français, auspices) par les Romains.

Limitatio
Par ce rituel, on délimitait à l'aide d'un araire le périmètre de la future cité. Même si cet usage de circonscrire le territoire d'une ligne sacrée est d'origine étrusque, l'idée de l'inviolabilité des frontières s'enracinera très profondément dans la mentalité romaine.

romain pouvait s'enorgueillir d'origines divines !

La réalité est évidemment tout autre. Il n'existe aucune figure historique appelée Romulus qui, après avoir interrogé le vol des oiseaux, aurait empoigné l'araire pour tracer le sillon sacré autour de la nouvelle ville. De même, on ne trouve aucune trace de son jumeau Rémus, lequel, après s'être disputé avec son frère, aurait été tué par lui : ces personnages sont à l'évidence nés de l'imagination fertile des Romains.

Mais cette légende est intéressante dans la mesure où elle nous transmet en détail un rituel de fondation de la cité dérivé des us et coutumes propres aux Étrusques, dont la civilisation a profondément influencé la culture romaine.

Consacratio
Divers sacrifices étaient rendus pour remercier les dieux de leurs bons auspices, et afin de sacraliser et de rendre inviolables les frontières de la nouvelle cité.

Le rite de la fondation était un antique cérémonial d'origine étrusque. Il prévoyait d'abord de consulter les dieux *(inauguratio)*, puis de tracer le périmètre de la cité *(limitatio)* et enfin de célébrer des sacrifices pour porter chance à la nouvelle fondation *(consacratio)*.

Les Étrusques

Une réelle puissance économique et militaire, une grande culture : telle est la physionomie du peuple étrusque. Établi en Étrurie – l'actuelle Toscane et le nord du Latium – au début du Ier millénaire avant notre ère, il a réussi en quelques siècles à étendre sa souveraineté depuis la plaine padane, au nord de l'Italie, jusqu'à la Campanie, au sud.

Favorisés par la richesse des terres agricoles et par les grands gisements métallifères – en particulier de fer, de cuivre et d'étain – de l'Étrurie et de l'île d'Elbe, habiles métallurgistes, les Étrusques étaient aussi d'excellents navigateurs et de bons commerçants. Leur organisation politique reposait sur des cités-États dont certaines étaient unies en confédération, tandis que d'autres se faisaient la guerre. Les cités principales, toutes situées en altitude – à l'exception de Populonia – et méthodiquement

fortifiées, ont pour noms Caere (auj. Cerveteri), Véies (Veio), Tarquinii (Tarquinia), Vetulonia, Vulci, Clusium (Chiusi), Rusellae (Roselle).

Il s'agissait de petits États indépendants gouvernés chacun par un magistrat : en fait, les Étrusques ne constituèrent jamais un solide État unitaire, restant politiquement divisés. Cette faiblesse accéléra leur déclin, qui survint entre le Vᵉ et le IIIᵉ siècle, quand ils s'affrontèrent à la puissance croissante de Rome.

Les sept rois

Selon la tradition, entre 753 et 509, Rome aurait été gouvernée par sept rois : Romulus, Numa Pompilius, Tullus Hostilius, Ancus Martius, Tarquin l'Ancien, Servius Tullius et Tarquin le Superbe, les trois derniers étant d'origine étrusque.

Là encore, nous nous trouvons dans le cadre de la légende, mais celle-ci contient malgré tout plusieurs faits avérés et résume bien les caractères constitutifs de la première société et de l'histoire archaïque romaines.

À l'origine émergèrent certaines familles des collines qui possédaient un important troupeau et une grande superficie de terres cultivables – formellement, ces terres étaient en majeure partie la propriété du village, mais ceux qui les cultivaient avaient fini par les considérer comme leurs biens propres. Les groupes de ces familles « possédantes » apparentées constituaient une *gens,* et leurs membres accolaient à leur propre nom celui de la *gens.* Le chef de famille *(pater familias)* avait un pouvoir absolu sur les membres de sa *gens.* Les chefs des *gentes* élisaient les rois de Rome, auxquels ils confiaient des tâches sacerdotales et le commandement de l'armée.

La préparation
Les minerais extraits des galeries étaient émiettés et triés par des ouvriers spécialisés, puis placés dans des fours de pierre chauffés au bois.

L'ÉTRURIE MINIÈRE
Les ressources minières de l'Étrurie furent déterminantes dans l'histoire des Étrusques. Le travail de creusement des puits et des galeries, du transport du minerai à la surface était exécuté à mains d'homme. L'outillage était composé de pics, pioches, marteaux, masses, burins, pelles, etc. L'activité extractive et la métallurgie étaient étroitement liées et s'effectuaient sur le même site.

La métallurgie
atteignit chez les Étrusques un haut degré artistique, comme le prouvent les outils, les armes et les divers objets retrouvés dans leurs tombes.

À gauche, plaque décorative à tête de satyre.
Ci-dessous, la *Chimère blessée* (IVe s. av. J.-C.) d'Arezzo, le plus bel exemple de bronze étrusque.

Dans le four
le métal était séparé des scories qui s'écoulaient par une ouverture spéciale et se déposaient sur le fond.

La fusion
Le métal dépuré était fondu, coulé dans des moules puis travaillé pour être transformé en divers objets : armes, bijoux, vases, plats, etc.

Seul le légendaire Romulus est considéré comme latin, alors que la tradition veut que ses successeurs immédiats aient été des Sabins : Rome fut donc depuis ses origines une communauté ouverte aux immigrés et aux influences pluriculturelles.

Les patriciens

La primauté des familles gentilices allait croissant : c'est de leurs rangs que provenaient les membres du Sénat, organe consultatif du roi. La possession définitive de terres, la possibilité financière de s'armer pour participer aux guerres, l'exercice du pouvoir politique *via* l'élection du roi et la participation au Sénat furent à l'origine de la formation de l'ordre des patriciens (de *patricii,* « fils des pères »), ordre fermé auquel, dans un premier temps, ne s'opposait aucun autre groupe social.

Les citoyens les plus pauvres, ceux qui ne possédaient que peu ou pas de terres, devaient se placer sous la protection d'un patricien qu'ils avaient l'obligation de servir avec dévouement : les *clientes* (clients), qu'il ne faut pas confondre avec la plèbe – ordre qui n'apparut que plus tard –, étaient associés au culte et portaient le nom gentilice.

Paysans, citoyens et soldats : tels étaient donc les patriciens à l'origine, des cavaliers qui partaient faire la guerre avec leur clientèle. En fait, au temps des premiers rois, Rome fut presque toujours en lutte contre les autres cités du Latium : elle détruisit Albe-la-Longue, agrandit considérablement son territoire et augmenta ses richesses.

Les rois étrusques

L'avènement des rois étrusques a constitué un tournant décisif dans la transformation de Rome en une puissante cité-État.

La famille
constituait l'unité fondamentale de la société romaine. Elle était dominée par le *pater familias,* le père, dont le pouvoir était absolu : il avait le droit de tuer ou de vendre comme esclaves tous les membres du noyau familial.

Produits agricoles
Dans la campagne autour de Rome étaient cultivés l'épeautre, sorte de blé rustique, le mil, le millet des oiseaux, différents herbages et des légumineuses. Les cultures de l'olivier et de la vigne apparurent plus tard.

Les esclaves
Dans la Rome archaïque, ceux qui ne pouvaient pas rembourser leur dette devenaient esclaves de leur créancier. Il s'agissait d'une forme d'esclavage domestique.

Le patricien
était un agriculteur. Grâce aux produits de la terre, il pouvait acheter l'armement nécessaire pour faire partie de l'armée.

Les clients
Les citadins les plus pauvres se plaçaient sous la tutelle d'un patricien pour lequel ils effectuaient gratuitement toutes sortes de tâches. En échange, ils étaient juridiquement protégés.

La religion
Les Romains des origines concevaient les dieux comme de bons génies qui protégeaient la famille et la cité. Au contact de civilisations plus avancées – grecque, étrusque –, ils identifièrent la plupart de leurs divinités avec celles de ces peuples. Ainsi les nouveaux dieux se confondirent ou s'associèrent aux bons génies des origines. À droite, *lararium* (laraire) de Pompéi. Le fondateur de la *gens*, au centre, est flanqué de deux lares. Le serpent représente le génie du propriétaire.

L'ARMÉE

Sous les premiers rois, l'armée de Rome n'était composée que des patriciens et de leurs clients. La tradition veut que chacune des 30 curies fournissait 100 fantassins et 10 chevaliers. Après la réforme servienne et la division de la société en ordres de patriciens et de plébéiens, 18 centuries équestres formaient la cavalerie et l'infanterie devint prépondérante. À partir du milieu du Ve siècle av. J.-C., trois classes de citoyens inférieurs aux chevaliers formaient l'infanterie lourde, et les deux dernières classes de la plèbe, l'infanterie légère.

L'infanterie légère était recrutée parmi les deux dernières classes du cens. Elle comportait principalement des frondeurs et des archers, dont l'armement était peu coûteux.

Les centuries

L'organisation des citoyens en centuries était la base de la réforme de Servius Tullius. Il s'agissait d'unités, établies en fonction de la richesse, dont le nombre atteindra 130 entre le Ve et le IVe siècle. Initialement prévue pour l'armée, la centuriation prit ensuite une importance politique.

L'influence qu'exerça sur Rome la civilisation étrusque est à rapprocher du fait qu'entre le VIIe et le VIe siècle, le Latium était cerné par les Étrusques de Toscane au nord et ceux de Campanie au sud. En conséquence, la traversée du Tibre près de l'île Tibérine et les diverses voies terrestres qui s'y raccordaient acquirent une importance accrue et le nombre d'artisans et de commerçants étrusques exerçant leur activité à Rome ne cessa d'augmenter.

Les historiens de l'Antiquité ne nous ont transmis que trois noms pour les rois étrusques qui, selon la tradition, régnèrent sur Rome entre 616 et 509. C'est évidemment trop peu pour cette durée de plus d'un siècle, mais il est plus important pour

Les chevaliers appartenaient aux classes les plus riches et pouvaient donc supporter le coût élevé de l'armement et du cheval.

L'infanterie lourde était formée par des citoyens des classes moyennes fortement équipés d'armes offensives et défensives.

Les *proletarii* (ceux qui ne possèdent rien) étaient issus du petit peuple romain. Sans être en mesure de subvenir à un quelconque équipement guerrier, ils se contentaient des services auxiliaires (génie, musique, entretien des bêtes et du matériel...).

nous de connaître les changements profonds de la société romaine qui sont advenus au cours de cette période, tant dans l'organisation de l'armée que dans l'aménagement urbain et monumental de la cité, et dont le mérite revient sans doute à Servius Tullius. La constante immigration de populations diverses à Rome confirmait son caractère de ville ouverte et, sans lui faire perdre son identité latine, lui permit de devenir lors du VIe siècle av. J.-C. la plus grande ville du Latium et de l'Étrurie, et l'une des plus peuplées de la péninsule italienne : sa population était alors d'environ 35 000 habitants.

La réforme servienne

Le premier grand tournant de cette réforme fut d'accorder la citoyenneté romaine à tous

ceux qui, venant d'horizons les plus divers, s'étaient établis sur le territoire de la cité. Les trois tribus originelles (Ramnes, Tities et Luceres), qui avaient classé les citoyens sur la base de leur ascendance familiale, furent remplacées par des tribus territoriales auxquelles l'appartenance était définie en fonction du lieu de résidence dans la cité ou de la localisation des terres agricoles possédées aux alentours. Deux réformes furent essentielles dans le développement de Rome : d'abord, l'instauration du recensement, qui classait les citoyens en fonction de leurs richesses, principalement liées à la terre. La monnaie avait déjà cours dans la ville réformée, et la richesse était calculée sur la valeur en pièces de bronze des bêtes et des récoltes. Le critère de richesse et non plus celui des seules origines gentilices – la coïncidence des deux était encore toutefois plus que fréquente – montre bien la vitalité de la vie économique et de l'organisation sociale de Rome. La seconde réforme importante est liée à ce nouveau mode de classement des Romains en fonction de leur richesse :

La construction
Pour bâtir l'enceinte on utilisa des blocs de pierre locale. Dans les parties plates de son tracé, le mur était renforcé par un imposant terre-plein d'une épaisseur de 30 à 40 m.

L'ENCEINTE DE SERVIUS TULLIUS
La construction d'un mur d'enceinte s'inscrivait dans le cadre des réformes militaires du VIe siècle. Par l'ampleur du territoire qu'elle délimitait, la muraille fut également un facteur important d'identité commune et de cohésion sociale.

Des dimensions imposantes
D'une longueur d'environ 7 km, le mur délimitait un territoire de 285 ha, ce qui en faisait l'une des plus grande villes du monde italique. À l'exception de l'Aventin, les collines de Rome étaient toutes situées à l'intérieur de l'enceinte.

elle concernait l'armée. La base du cens faisait que les plus riches formaient les chevaliers *(equites),* que les autres possédants, beaucoup plus nombreux, composaient l'infanterie et que les *proletarii* (non possédants) étaient chargés des tâches auxiliaires. L'extension de la citoyenneté et l'obligation militaire à tous ceux qui avaient les moyens financiers d'acheter leur armement permit l'adoption de la tactique dite hoplitique, d'origine grecque et étrusque, c'est-à-dire d'une formation compacte et homogène de fantassins cuirassés et casqués, disposés en rangs serrés et défendue de tous côtés par des boucliers circulaires.

Les Romains excellèrent à mobiliser toutes leurs ressources au service de l'État et de son armée avec une politique d'ouverture envers les étrangers et en tirant le meilleur parti du développement économique de la cité.

UN SCÉNARIO GRANDIOSE
Sur les hauts rochers étagés se dressaient les temples des dieux. La cité, en perpétuelle expansion, bouillonnait d'activité.

Le temple de Jupiter Capitolin fut construit à la fin du VIe siècle au sommet du Capitole et n'était accessible que par le forum. Dédié à la triade capitoline (Jupiter, Junon et Minerve), c'était le temple le plus important de la ville.

Enfin, au cours de cette période d'hégémonie étrusque, Rome connut d'importantes modifications de son urbanisme et l'érection de très nombreux monuments. La construction de la muraille d'enceinte de Servius Tullius et l'édification du temple de Jupiter sur le Capitole en sont d'excellents exemples. De même, la place du Forum fut pavée et destinée à la ferveur de la vie publique.

Rome devint alors une ville unie et sûre de sa puissance, avec des édifices qui supportaient la comparaison avec ceux des plus antiques cités de l'Étrurie.

Naissance de la République et apparition de la plèbe

À la fin du VIe siècle, le vieux système de monarchie élective fut remplacé par un régime républicain dirigé par deux consuls

Une riche décoration de panthères, d'oiseaux et d'hommes à tête de taureau couvrait les murs de la Regia.

Les maisons étaient solidement bâties, avec des murs crépis et des toits de tuile. Les plus riches comportaient des ornements en terre cuite.

La Regia était à l'origine, selon la tradition, la résidence du roi. Elle devint avec le temps un sanctuaire du dieu Mars et d'*Ops Consiva,* divinité féminine de l'Abondance.

changeant chaque année. Dominée en tout état de cause par les aristocrates, la politique romaine vit pendant les deux siècles suivants s'exacerber les luttes entre patriciens et plébéiens.

Au cours de la période des rois étrusques, artisans et commerçants d'origine étrangère s'étaient facilement intégrés à Rome et avaient connu, à la faveur du développement de la cité, une rapide élévation de leurs conditions économiques. Mais d'autres catégories de la population, soit par endettement, soit par la perte de leurs terres – dont les parcelles étaient de plus en plus réduites du fait des successions et du partage entre héritiers –, étaient dans une situation catastrophique. Les uns et les autres étaient mécontents de leur sort : les premiers parce qu'ils n'avaient aucun pouvoir sur la politique de la cité, réservée aux patriciens ; les seconds, du fait de leur condition misérable.

Dans le même temps, de riches patriciens appartenant à une cinquantaine de *gentes* avaient pensé à se débarrasser de la monarchie, qu'ils jugeaient trop favorable aux classes montantes, et à accroître ainsi leur pouvoir. Concrètement, cela revenait à faire que les plébéiens soient totalement exclus de la distribution des nouvelles terres conquises.

Par ailleurs, la situation des petits propriétaires s'était aggravée avec la faculté donnée aux créditeurs de réduire en esclavage le débiteur insolvable. Qu'ils soient artisans ou commerçants en condition de bien-être économique ou petits possédants au bord de la ruine, tous étaient donc opposés aux riches patriciens ; ils acquirent une conscience de plus en plus affirmée de la convergence de leurs intérêts : ce fut l'apparition de la plèbe.

Propriété et propriétaires

L'histoire économique et sociale de Rome est liée à la terre : l'agriculture était l'activité essentielle et la source de sa richesse. Pour comprendre le développement de l'économie romaine, il convient de bien distinguer la propriété juridique de la terre, à l'origine circonscrite à de petites parcelles, et la possession de celle-ci, c'est-à-dire la possibilité pour une famille de l'exploiter.

L'usage patricien
À l'origine, les familles gentilices exploitaient les terres de l'État comme si elles leur appartenaient, intégrant les produits à ceux de leur *ager privatus*. Par la suite, les terres nouvelles continuèrent à être distribuées aux seuls patriciens, qui en retiraient d'amples bénéfices. En échange, ils étaient redevables d'un impôt à l'État.

La plèbe, exclue de la distribution des terres de l'État, en conçut une grande insatisfaction.

Le *fundus*
fut la première forme de propriété privée à Rome. Il s'agissait de la maison et de son jardin situés à l'intérieur du mur d'enceinte. À droite, reconstitution d'une cabane (Antiquarium du Palatin).

Compascua
Ce terme désignait des terres appartenant à l'État et bordant des exploitations privées, où tous les agriculteurs pouvaient faire paître librement leurs troupeaux. Ci-dessus et ci-dessous, *Scènes de vie champêtre*, mosaïques du VIe siècle apr. J.-C. (Musée du Bardo, Tunis.)

Ager privatus
La légende prétend que, dès le règne de Romulus, s'était développée une forme de propriété privée sur des petites parcelles de terre autour de la nouvelle cité : l'*ager privatus*.

Ager publicus
Au fur et à mesure que la Rome des origines s'agrandit en englobant les territoires des peuples vaincus, le terme de *compascua* fut remplacé par celui d'*ager publicus*, la terre de l'État

Les comices centuriates,
institués au Ve siècle, avaient un rôle politique important : ils élisaient les consuls et les plus hauts magistrats de la cité.

Les *fasces*,
faisceaux composés de verges et de haches, symbolisaient le pouvoir des hauts magistrats et étaient portés par les licteurs, officiers subalternes de leur suite.

Les consuls,
élus pour un an par les comices centuriates, détenaient peu ou prou les mêmes pouvoirs que les anciens rois, pouvoirs toutefois limités par l'obligation de consulter le Sénat.

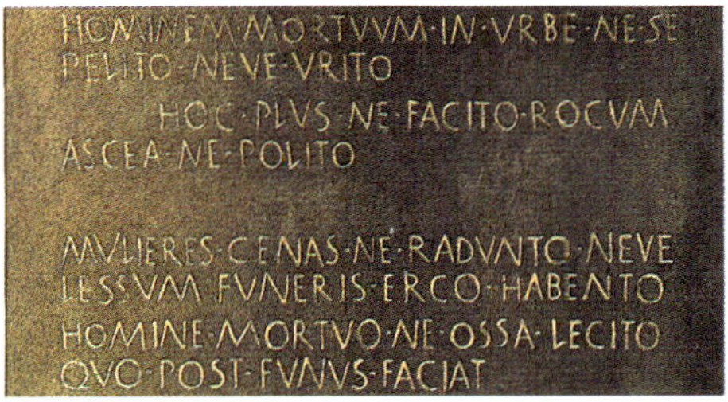

Les Douze Tables marquèrent le passage du droit oral à la loi écrite. Ce sont en fait les premières lois écrites des Romains, dont le texte, rédigé en 451 av. J.-C., fut gravé sur douze tablettes de bronze qui furent exposées au public.

Les magistrats
La majorité des plus importants magistrats de la cité étaient élus par les comices centuriates. Leurs charges publiques étaient annuelles et collégiales : pour chaque fonction étaient élus au moins deux hommes, qui devaient agir d'un commun accord.

La force de la plèbe

Après les réformes de Servius Tullius et en particulier celle instaurant le *cens* – subdivision des citoyens selon leur richesse en groupes, appelés centuries, et qui attribuait du même coup les rangs militaires –, les plébéiens riches, ceux qui pouvaient se permettre d'acquérir les divers équipements nécessaires, commencèrent à jouer un rôle important dans l'armée romaine. Leur abstention ou leur refus de combattre, forme de protestation qui fut appelée sécession, avait dès lors une grande force de persuasion sur les patriciens.

Quelques décennies après l'avènement de la république, la lutte entre patriciens et plébéiens éclata.

En 494 av. J.-C., la plèbe obtint l'instauration de la charge des tribuns de la plèbe, leurs défenseurs vis-à-vis du pouvoir politique, avec droit de veto sur les décisions des deux consuls élus annuellement à la tête de l'État.

Le classement de la population en centuries eut d'autres conséquences politiques importantes, notamment pour les compétences de l'assemblée *(comitia)* centuriate. En 451 av. J.-C. furent institués les *decemviri* (dix hommes) qui, pour la première fois dans l'histoire de la cité, rédigèrent des lois écrites, les Douze Tables, qui rendaient plus sûrs et plus exempts d'arbitraire les jugements rendus par les magistrats. En 445, les plébéiens obtinrent le droit de mariage, interdit jusqu'alors, avec des membres de familles patriciennes, et, en 366, celui d'être élu consul. La parité désormais complète des deux ordres ne concernait que les citoyens de sexe masculin et ne favorisait de fait que les plébéiens riches, car la participation aux diverses charges politiques n'était pas rémunérée.

Les Gaulois arrivent !

Au cours des premières années de la république, Rome eut à se défendre contre les Étrusques et contre la Ligue latine, inquiète de son pouvoir hégémonique. Un traité de paix et d'aide mutuelle en cas d'agression extérieure fut établi en 493 avec les cités latines. Les Romains combattirent ensuite les Volsques et les Èques, ainsi qu'à de nombreuses reprises les Étrusques de Véies. La chute définitive de Véies en 396 consacra l'omnipotence de Rome sur l'Italie centrale, mais une autre menace se profilait au nord du pays : les Gaulois, guerriers nomades d'origine celtique, firent leur apparition en Étrurie vers 390 av. J.-C. L'armée romaine les affronta en 380, mais, épouvantés par la charge furieuse des Gaulois, les légionnaires s'enfuirent. Rome fut désertée, et le Capitole confié au consul Manlius, qui résista à l'assaut des Gaulois ; ceux-ci dévastèrent le reste de la ville. La situation était désespérée, mais les envahisseurs décidèrent de se retirer contre paiement d'une lourde rançon.

Pour Rome, les conséquences de cette incursion gauloise furent très graves : outre les importantes pertes matérielles, la cité avait vu s'effondrer son prestige militaire et sa réputation d'invincibilité. Enhardies, les tribus latines se rebellèrent, tandis que certaines cités étrusques comme Caere et Tarquinia profitaient de l'affaiblissement de Rome pour l'attaquer par le nord. Mais les Romains surent réagir : ils reconstruisirent leur cité, soumirent les Étrusques de Caere et, en 358, mirent fin à la rébellion de la Ligue latine. En 351, après environ quarante années de guerre, Rome avait affirmé définitivement son pouvoir sur les tribus latines, sur les Herniques, les Èques et les Volsques, ainsi que sur plusieurs villes étrusques.

Les Celtes
étaient des guerriers nomades indo-européens apparus brusquement au cœur de l'Europe et qui s'y diffusèrent entre le XIIIe et le Xe siècle avant notre ère. Ils furent les premiers à exploiter commercialement le sel et le fer, dont étaient riches les mines de l'Europe centrale. Les deux principaux centres de la première civilisation celtique furent Hallstatt, en Autriche, et La Tène, en Suisse.

Les Gaulois
Les Celtes s'installèrent également en Gaule et en Belgique, où, se mêlant aux tribus locales, ils furent à l'origine du peuple gaulois.

La mine de sel de Hallstatt
L'eau chargée de sel était recueillie dans de grands bassins de pierre, qui étaient ensuite chauffés au moyen de feux de bois. L'eau s'évaporait peu à peu, ne laissant que le précieux sel au fond des bassins.

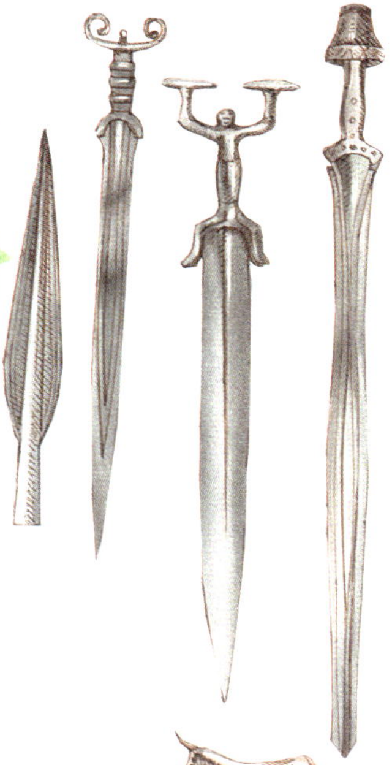

Objets funéraires
Les nombreux objets découverts dans les tombes de la région de Hallstatt (épées, poignards, fers de lance, récipients cérémoniels…) témoignent de l'habileté des Celtes à travailler le métal.

La conquête de la Méditerranée

Entre le IVe et le IIe siècle avant Jésus-Christ, Rome étendit sa domination sur l'ensemble du bassin méditerranéen. Après la conquête de l'Italie, elle triompha de la terrible Carthage, envahit la Grèce, berceau de la civilisation classique, et soumit l'Asie Mineure.

Les causes et les conditions qui favorisèrent et accompagnèrent l'expansion romaine se formèrent à Rome même : elles naquirent de l'économie, des rapports instaurés entre patriciens et plébéiens, des nouvelles formes d'organisation militaire et de l'intelligence politique dont les Romains surent faire preuve vis-à-vis de tous les peuples conquis.

Économie et société

Le IVe siècle fut une période de développement de l'économie agricole romaine, grâce en partie aux limites imposées aux agriculteurs individuels dans l'utilisation de l'*ager publicus*. Le commerce, aux mains des plébéiens les plus riches, connut un nouvel essor.

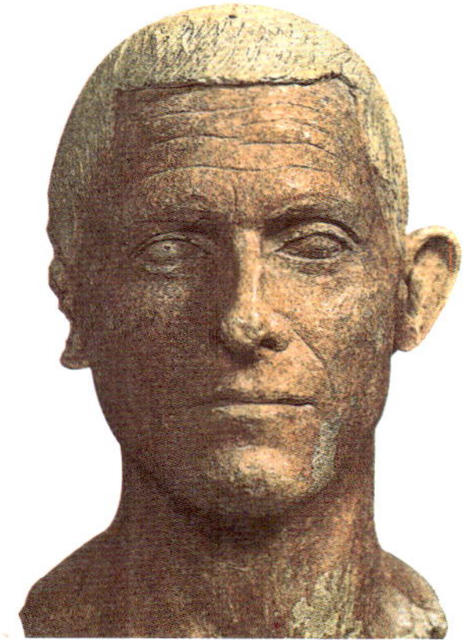

Divide et impera !
Avec cette devise, « Divise pour régner ! », les Romains surent maintenir, voire provoquer la désunion de leurs ennemis, attirer les peuples bien disposés à leur égard et soumettre les rebelles.

Civis romanus sum !
Pendant des siècles, la phrase : « Je suis citoyen de Rome ! » a donné force et autorité à celui qui la prononçait. Des hommes durs, habitués à être obéis : ainsi apparaissent les Romains dans leurs portraits civils comme dans cet exemple de Cerveteri (à gauche), conservé au Musée romain de la Villa Giulia.

Les cités alliées étaient gouvernées par leurs propres magistrats et selon leurs lois propres. Elles étaient liées à Rome par un traité d'alliance qui faisait de leurs citoyens des associés *(socii)* des Romains. Toutefois, les termes de ces alliances n'étaient pas les mêmes pour toutes les villes.

Les intérêts économiques d'une part importante de la société romaine orientèrent vers le sud de la péninsule l'expansion politique et militaire. Sous la pression des « nouveaux riches », le conflit entre patriciens et plébéiens s'était transformé en une série d'accords, dont le point culminant fut la conquête par la plèbe de l'accès à la magistrature. En réalité, une nouvelle élite dirigeante était née, formée par les patriciens et par les plébéiens riches. Les citoyens plus modestes virent s'atténuer les conséquences de l'endettement, qui avait toujours jusque-là comporté la menace pour le débiteur impécunieux d'être réduit en esclavage par son créancier. Les classes moyennes de la plèbe s'intégrèrent majoritairement dans l'armée.

Du point de vue de l'organisation militaire, la formation hoplitique, fondée sur la

Les colonies étaient des cités fondées ou reconstruites dans des sites stratégiques du point de vue militaire ou économique. Leurs habitants étaient des citoyens romains de plein droit qui y avaient été transférés et auxquels on avait concédé des terres. Les colonies avaient une fonction de protection des intérêts de Rome sur les territoires environnants.

Les municipes étaient des cités préexistantes à la conquête romaine. Elles conservèrent une administration autonome, mais devaient respecter de nombreuses obligations et servir les intérêts de Rome.

Rome était le centre politique, et ses citoyens détenaient la plénitude des droits civiques.

centurie et sur un mode de combat en rangs serrés et en blocs compacts, fut ensuite remplacée par la formation en manipules, qui permettait une tactique plus souple et un déplacement plus rapide.

À cela s'ajoutait l'abolition de l'ordre centuriate comme système de recrutement des soldats. Jusqu'alors, les citoyens les plus riches, dotés de l'armement le plus coûteux, avaient constitué la majorité des centuries, ce qui les avait contraints à des obligations militaires fréquentes. Avec le nouveau système de recrutement, fondé sur l'appartenance aux tribus territoriales, l'armée utilisait et valorisait les plébéiens. Ces derniers virent également d'un bon œil l'abondante création de colonies fondées sur les territoires conquis et qui étaient destinées à un peuplement de citoyens-soldats auxquels on assignait une partie des terres alentour, même si celles-ci restaient juridiquement *ager publicus,* propriété de l'État romain.

La politique d'expansion romaine dut l'essentiel de sa réussite à une extraordinaire capacité d'organisation et d'intégration. En effet, au lieu de soumettre avec brutalité les vaincus, Rome leur attribua des responsabilités diverses, tant civiles que militaires, attirant dans ses armées et dans son administration des alliés plus que des ennemis.

Les guerres samnites

Le peuplement des colonies, les progrès de la situation politique interne et la nouvelle vigueur de son armée renforcée par les plébéiens permirent à Rome, en 343 av. J.-C., de saisir au vol l'opportunité offerte par Capoue. Cette cité étrusque de Campanie, menacée par les Samnites, rudes tribus de

LA CIVILISATION DE LA GRANDE-GRÈCE
Les colonies fondées par les Grecs dans l'Italie méridionale à partir du VIIIe siècle prospérèrent rapidement et devinrent de florissants centres économiques et culturels.

L'Agora
était le centre de la vie sociale, politique, économique et culturelle de la cité. Le peuple se pressait sur cette place pour participer aux fêtes religieuses et aux processions, pour prendre part à la vie politique ou pour apprendre les nouvelles.

Les temples, en majorité de style dorique, avec de solides colonnes cannelées et de riches décorations sculptées, créaient un exceptionnel décor monumental.

La religion mêlait le culte des dieux et celui des héros, comme Hercule ou Thésée. Elle se caractérisait par une grande liberté de pensée : chaque famille pouvait avoir son propre dieu, et chaque cité, sa divinité protectrice. Les sacrifices d'animaux étaient fréquents dans les sanctuaires.

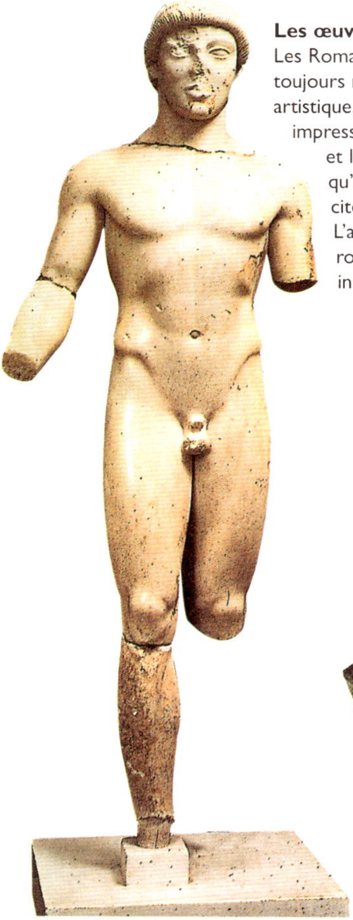

Les œuvres d'art
Les Romains, qui avaient jusque-là toujours négligé l'expression artistique, furent profondément impressionnés par la perfection et la beauté des œuvres qu'ils découvrirent dans les cités de la Grande-Grèce. L'art ultérieur de la civilisation romaine sera directement inspiré de l'art grec.

L'ART GREC DU NOUVEAU MONDE
Les colonies grecques s'établirent en Italie méridionale entre le milieu du VIIIe et le début du Ve siècle avant J.-C. Sur le plan culturel et artistique, si au cours de cette période, œuvres d'art et modèles architecturaux furent importés de la mère patrie, certaines formes nouvelles se développèrent localement.

La civilisation grecque, évoluée et raffinée, se répandit progressivement à Rome, ouvrant aux paysans-soldats de nouveaux horizons artistiques, littéraires, scientifiques et philosophiques.

montagnards, demanda l'aide des Romains. Ces derniers, alliés à la Ligue latine, se portèrent rapidement à son secours : ce fut le début des guerres samnites, qui durèrent jusqu'en 290 av. J.-C.

Les trois âpres guerres de cette période de plus d'un demi-siècle permirent à Rome, finalement victorieuse, d'assujettir un ample territoire constitué par les possessions des Samnites et de leurs alliés – Gaulois Sénons, Étrusques, Ombriens, Sabellins et Lucaniens.

En 340 av. J.-C., entre la première et la deuxième guerre samnite, les Latins, déçus du refus de Rome de les considérer comme citoyens à part entière, entrèrent en rébellion. Deux années plus tard, la victoire romaine mit fin à l'existence de la Ligue latine : chacune des cités qui la composaient fut liée à Rome par un traité d'alliance.

Ce fut là encore une habile manœuvre politique : les Romains savaient qu'il fallait éviter que les cités soumises ne pussent s'allier entre elles et donner ainsi naissance à un puissant ennemi potentiel ; ils décidèrent donc de « diviser pour régner », signant des traités singuliers avec chacune des cités, qui se voyaient proposer une forme d'alliance particulière, avec des droits et des devoirs variant au cas par cas, en fonction des opportunités offertes par leur territoire, des sentiments d'amitié et de fidélité qu'elles nourrissaient pour Rome et des intérêts qui les liaient à la grande cité. Les Samnites vaincus, Rome pouvait porter ses regards vers les terres fertiles de l'Italie méridionale.

De splendides cités
Dans les fertiles plaines côtières se dressaient d'imposantes cités riches de temples, de places, d'autels votifs et d'édifices divers, dans l'enceinte d'une robuste muraille jalonnée de tours carrées, polygonales ou circulaires. Les rues fourmillaient d'activités artisanales ou commerciales. Ci-dessus, le temple d'Athéna, dit de Cérès, à Paestum (v. 500 av. J.-C.).

La sculpture
Les temples grecs étaient richement décorés de sculptures. Les panneaux de pierre sculptés en bas-relief qui ornaient la partie basse des frontons des temples doriques sont appelés métopes. Ci-contre, *Jeunes Filles dansant*, métope de Paestum.

La conquête de la Grande-Grèce

Tarente fournit à Rome une opportunité pour envahir le sud de la péninsule : une garnison romaine s'étant portée au secours de la ville de Turi, cela déclencha une réaction violente de la part des Tarentins qui, craignant les conséquences de cette ingérence dans leur région d'influence, déclarèrent la guerre à Rome en 282 av. J.-C.

Tarente redoutait l'armée romaine, aussi demanda-t-elle l'aide de Pyrrhos, roi d'Épire (l'actuelle Albanie), lequel songeait à réunir sous sa coupe tous les Grecs de l'Italie du Sud et de la Sicile pour former en Méditerranée centrale une puissance maritime capable de battre en brèche la domination de Carthage.

Pyrrhos accueillit donc l'invitation avec intérêt et débarqua en Italie en 280 av. J.-C. avec une forte armée qui remporta dans un premier temps plusieurs victoires sur les Romains. Mais il ne fut pas suffisamment habile pour gérer la guerre, et Rome, aidée par Carthage avec laquelle elle avait conclu une alliance en 279, remporta une victoire définitive en 275.

Pyrrhos quitta la péninsule, et les Romains occupèrent dès lors toute l'Italie méridionale. Entre-temps, Rome avait combattu et vaincu les Lucaniens, les Bruses et d'autres populations samnites qui s'étaient alliées à l'ennemi.

Ainsi, dans la seconde moitié du IIIe siècle, tous les territoires situés entre Rimini et le détroit de Messine étaient passés sous la domination de Rome, qui s'affirmait comme l'une des plus grandes puissances de la Méditerranée.

C'est à Appius Claudius Caecus, censeur de 312 à 308 – considéré comme le premier

Les routes romaines en Italie, puis dans les provinces, furent l'une des gloires de Rome. Au Ier siècle av. J.-C., l'ensemble de la péninsule était quadrillé d'un impressionnant réseau routier, dont la finalité était avant tout stratégique. Tous les 30 km environ – une journée de marche pour les légions – se trouvait une cité. Plusieurs de ces voies romaines ont vu leur tracé repris par les routes et autoroutes d'aujourd'hui.

1. Le terrassement Deux sillons parallèles, distants d'environ 6 m, étaient tracés sur le sol. On creusait parfois très profondément entre ces lignes. La tranchée était ensuite comblée par des strates successives.

2. Le *statumen* était la première couche, constituée de grosses pierres amalgamées à de la terre ou à du sable.

LES PHASES DE LA CONSTRUCTION étaient longues et parfaitement systématisées. Une attention particulière était donnée aux fondations, afin que la route ne s'effondre pas avec le temps.

4. Le *pavimentum* Sur le *rudus* était jetée une couche de gravier tassée en courbe afin de permettre l'écoulement des eaux de pluie sur les deux côtés de la route. Les voies les plus importantes étaient pavées en pierre. Pour les routes secondaires, on se contentait de la couche de gravier.

3. Le *rudus* était constitué d'une grande quantité de cailloux posés sur le *statumen,* liés par du mortier et battus à l'aide d'une masse en fer afin d'obtenir une bonne compacité.

Des pierres milliaires étaient réparties sur tout le réseau routier. Ces bornes indiquaient la distance en milles de la ville la plus proche. Le mille mesurait 1 481,75 m.

prosateur romain pour la forme littéraire de ses discours – que l'on doit la construction du premier aqueduc, long de 16 km, ainsi que de la première grande route militaire, la via Appia, qui reliait Rome à Capoue.

La conquête de la Grande-Grèce et les contacts directs avec cette grande civilisation permirent aux Romains de s'en imprégner profondément. Jusque-là, les influences grecques avaient été notables, favorisées par les marchands et par les divers rapports avec les cités du Sud, mais elles étaient restées fragmentaires.

Les rapports avec les riches colonies grecques donnèrent une impulsion nouvelle et décisive au développement de la culture romaine.

La religion
Les Carthaginois vénéraient principalement Moloch, représenté comme un géant à tête de taureau, auquel ils offraient des sacrifices humains. La religion de Carthage était en fait particulièrement sanguinaire.

Le port
Au IIIe siècle av. J.-C., Carthage était au sommet de sa splendeur, et son port, défendu par une flotte imposante, était un très important centre d'échanges de produits en tout genre et de matières premières.

De grandes affaires
Les marchands proposaient des produits en tout genre et de toutes provenances : la pourpre carthaginoise, les plumes d'autruches d'Afrique centrale, les défenses d'éléphants du Soudan, l'huile d'olive de Sicile, les émaux et les tapis d'Égypte…

Carthage, la grande rivale

Quand Rome, après la conquête de la Grande-Grèce, apparut triomphante sur la Méditerranée occidentale, elle se trouva immédiatement en conflit avec les intérêts de l'autre grande puissance de la région : Carthage.

Cette cité, fondée en position stratégique dans l'actuel golfe de Tunis par les Phéniciens de Tyr, au IXe siècle av. J.-C., avait progressivement assuré sa domination sur le bassin occidental de la Méditerranée. Riche et puissante, Carthage s'était bâti un vaste empire africain qui s'étendait des frontières de la Cyrénaïque à Gibraltar, auquel s'ajoutaient les côtes méridionales de l'Espagne, les Baléares, la Sardaigne, la Corse et l'ouest de la Sicile.

L'entrée du port, large d'environ 21 m, pouvait être fermée par une énorme chaîne en fer.

Carthage était une république mais, à la différence de Rome, elle n'était pas dirigée par les propriétaires terriens de noble origine, mais par les commerçants riches et les grands armateurs. Effectivement, la cité tirait sa richesse de la mer, du commerce et de l'incroyable nombre d'affaires qui se traitaient dans son port : la concurrence avec Rome était devenue évidente. Carthage avait cependant quelques points faibles, notamment sur les plans politique et militaire. Contrairement à Rome, elle n'avait jamais concédé de droits aux peuples vaincus, et sa domination était en conséquence moins solide que celle des Romains. Son armée, certes puissante, était essentiellement composée de mercenaires plutôt que de citoyens combattant pour leur patrie, et ses officiers étaient des professionnels de la guerre.

Une idée géniale
L'inventeur du corbeau fut le consul Caius Duilius, qui, grâce à cette innovation, battit les Carthaginois à Myles.

Le corbeau
était une espèce de pont-levis d'environ 8 m qui, lancé sur les navires ennemis, les cramponnait par le bord à l'aide d'un crochet et permettait aux soldats romains de donner l'assaut.

L'équipage
était composé de 300 marins (dont 270 rameurs) et de 120 fantassins de marine encadrés par environ 20 officiers et sous-officiers.

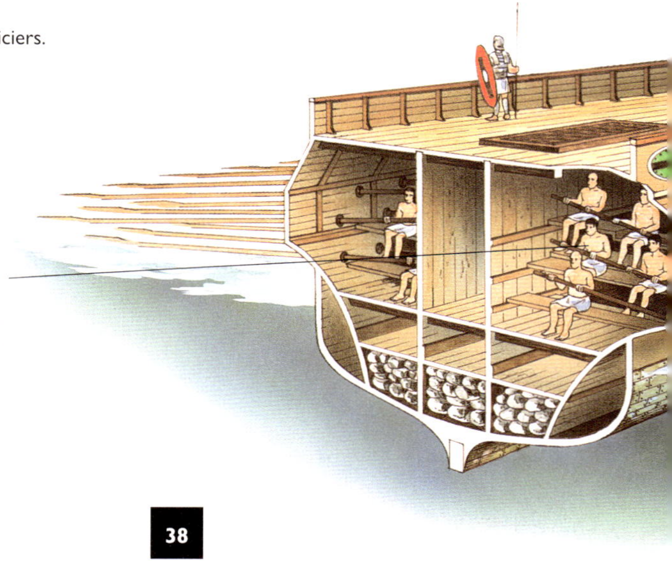

Les rameurs
étaient deux par rame sur les ponts supérieurs, et un seul par rame sur les ponts inférieurs.

Naissance de la flotte romaine

Les batailles sur la terre ferme duraient des années parce que les Carthaginois, continuellement ravitaillés en hommes, en vivres et en matériel par leur puissante flotte, étaient en mesure de tenir face aux légions romaines. Pour gagner la guerre, Rome décida de se doter d'une flotte capable de détruire celle de ses ennemis. En deux mois, ils construisirent 100 quinquérèmes et 20 trirèmes.

La quinquérème avait une longueur d'environ 40 m pour une largeur de 6 à 7 m.

La première guerre punique

L'affrontement inévitable se produisit en 264 av. J.-C. L'occasion en fut donnée par les Mamertins, une armée de mercenaires campaniens qui avaient occupé Messine, suscitant la colère et la riposte de Syracuse. Se trouvant en difficulté, ils demandèrent d'abord l'aide de Carthage, puis se tournèrent vers les Romains, lesquels, profitant de l'aubaine, s'emparèrent de Messine, d'où ils chassèrent les Carthaginois.

La première guerre punique commençait. La Sicile fut presque totalement occupée par les Romains, mais ces derniers comprirent qu'ils ne pourraient pas gagner la guerre sans une flotte capable de vaincre celle de leurs ennemis. Ils réalisèrent alors une entreprise extraordinaire : en seulement deux mois, ils construisirent une flotte de 120 navires avec laquelle ils infligèrent une lourde défaite à la marine carthaginoise à Myles. Après plusieurs autres batailles aux fortunes diverses, une seconde victoire navale décisive au large des îles Égates, en 241 av. J.-C., contraignit Carthage à la reddition. Les conditions de paix imposées par les Romains prévoyaient l'abandon de la Sicile et le paiement d'une forte indemnité.

La première guerre punique avait duré vingt-trois ans. La Sicile, désormais romaine, ne fut pas intégrée dans le système des alliés, mais administrée directement par Rome : ce fut la première province. Très vite, les Romains réussirent à conquérir la Sardaigne, la Corse, la Gaule Cisalpine, et poursuivirent leur expansion jusqu'en Épire.

La guerre contre Hannibal

La défaite avait porté un coup très dur à Carthage, qui voulait au plus vite retrou-

La traversée des Alpes décima l'armée carthaginoise. Lorsqu'il arriva dans la plaine du Pô, Hannibal avait perdu 10 000 hommes, 6 000 chevaux et une grande partie de ses éléphants.

Une entreprise inhumaine
L'armée d'Hannibal affronta des conditions effroyables, tant pour repousser les Romains qui tentaient de lui barrer la route, que pour faire face aux attaques des tribus locales.

Quel col ?
On ne connaît pas encore avec certitude le col qu'emprunta Hannibal pour franchir les Alpes : on pense qu'il s'agit de celui du Montgenèvre.

ver son prestige et sa puissance en Méditerranée. Pour ce faire, les Carthaginois se tournèrent vers l'Espagne, riche de ses mines d'argent et surtout formidable base stratégique pour reprendre la guerre contre Rome, désormais inévitable : deux grandes puissances ne pouvaient coexister en Méditerranée occidentale ; l'une des deux devait obligatoirement disparaître.

La famille des Barcides était l'une des plus puissantes de Carthage : c'est à elle que fut confiée la conquête de la péninsule Ibérique. À partir de 236, Hamilcar Barca, puis son gendre Hasdrubal (en 228) prirent possession des côtes ibériques, de Gibraltar à

Les éléphants
Les Carthaginois les utilisaient dans la bataille comme l'on fit – beaucoup plus tard – avec les chars d'assaut.

L'itinéraire d'Hannibal
D'Espagne, il gagna l'Italie en traversant les Pyrénées, la Narbonnaise et les Alpes. Il parcourut l'Italie du nord au sud et s'embarqua à Crotone pour atteindre Zama.

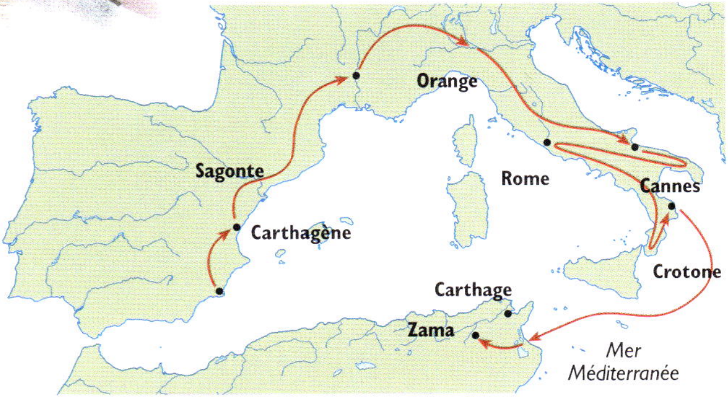

l'Èbre. En 221 av. J.-C., le fils d'Hamilcar, Hannibal, irréductible ennemi des Romains, fut élu chef par les armées carthaginoises. Il décida de provoquer Rome en attaquant l'une de ses alliées, Sagonte, en 220. Ce coup de force fit éclater la deuxième guerre punique. Tandis que Rome s'apprêtait à embarquer ses légions pour aller combattre Hannibal en Espagne, celui-ci, avec une incroyable rapidité, franchit les Pyrénées, traversa la Gaule Narbonnaise d'est en ouest, franchit les Alpes et déferla sur l'Italie avec une forte armée malgré les terribles pertes subies, surprenant les Romains qui n'étaient pas du tout prêts à combattre. En juin 217, sur les bords du lac Trasimène, l'armée romaine du consul Flaminius fut anéantie.

Rome était à sa portée, mais Hannibal préféra la contourner et se diriger vers l'Italie méridionale pour se concilier l'aide des plus importantes cités grecques et italiques,

Scipion l'Africain gagna des batailles décisives pour Rome. À Zama, en Afrique du Nord, en 202 av. J.-C., il infligea une terrible défaite aux armées d'Hannibal, mettant fin à la deuxième guerre punique.

Le légionnaire était un soldat. Son armement de base était constitué du casque, de l'épée courte et de la cuirasse en mailles métalliques.

Le centurion commandait la centurie. Il était la plupart du temps assisté d'un autre centurion, de grade inférieur.

L'ARMÉE AU IIIe SIÈCLE était constituée de légions comptant chacune environ 4 200 hommes. Chaque légion était divisée en dix cohortes, réparties elles-mêmes en centuries.

Les machines de guerre, tels balistes, onagres et autres béliers, jouaient un rôle important dans les batailles et dans les sièges. La catapulte, capable de lancer des pierres de plus de 100 kg, était particulièrement redoutée.

Des médecins, chirurgiens pour la plupart, accompagnaient les armées en guerre. Ils étaient assimilés à des officiers subalternes et jouissaient de diverses immunités. À certaines époques, les légions romaines disposaient même d'hôpitaux de campagne.

dont il espérait rompre l'alliance avec Rome. Ce fut une grave erreur stratégique, qui décida finalement du sort de la guerre : les Romains eurent le temps de s'organiser et de préparer la contre-attaque.

Quintus Fabius Maximus fut élu dictateur avec les pleins pouvoirs. Surnommé « le Temporisateur », il adopta une prudente tactique d'attente, se contentant d'escarmouches surprises, sans jamais accepter la rencontre frontale avec les puissantes armées d'Hannibal.

Au terme de son mandat, ses successeurs optèrent pour le prestige et affrontèrent

l'ennemi en rase campagne, à Cannes, dans la Pouille, en 216 : les légions furent écrasées. Rome revint alors à la tactique de Fabius Maximus. Tout en réduisant la rébellion de plusieurs cités italiques, les Romains coupèrent les sources de ravitaillement d'Hannibal et ouvrirent un second front en Espagne. À la tête des armées, Publius Cornelius Scipion réussit à se rendre maître des côtes ibériques et à contraindre Hannibal à quitter l'Italie. Aux trousses de ce dernier, Scipion débarqua en Afrique et attaqua Carthage. En 202, à Zama, Scipion, appelé depuis lors « l'Africain », infligea une défaite définitive au général carthaginois.

Carthage, vaincue, dut conclure la paix : elle renonçait à toutes ses possessions en dehors de l'Afrique, à sa flotte et à ses éléphants de guerre, s'engageait à payer une énorme indemnité et à renoncer à toute guerre qui n'aurait pas l'autorisation de son vainqueur.

La conquête de la Méditerranée orientale

La victoire sur Carthage, après quinze années de lutte à mort et au prix de lourdes pertes, consacrait Rome comme grande puissance.

Les expéditions en terres lointaines, les contacts avec les civilisations les plus évoluées de la Méditerranée, et en particulier avec la culture hellénistique, avaient donné une force nouvelle aux idées et aux arts qui avaient pénétré à Rome après la conquête de la Grande-Grèce. Les conservateurs s'opposaient cependant à la diffusion de l'hellénisme, craignant qu'il ne dénaturât les antiques traditions des laborieux paysans romains en introduisant corruption et mollesse dans les mœurs.

Le rêve d'Alexandre
Alexandre voulait que son empire soit soudé par une culture unique, à laquelle pourraient s'identifier tous les peuples assujettis : la culture grecque. En un sens, il y a réussi : même si son empire éclata à sa mort, la culture hellénistique se répandit partout et, au contact d'autres civilisations, développa de nouvelles formes artistiques. Ci-dessus, portrait en marbre d'Alexandre (v. 330-320 av. J.-C.), statue de Lysippe conservée au musée du Louvre, à Paris.

La géographie, comme toutes les sciences, connut d'importantes avancées. À droite, le Grec Ératosthène (v. 284-v. 192), qui dessina la première carte géographique.

La physique
Le Syracusain Archimède (287-212 av. J.-C.) fut un mathématicien, un physicien et un inventeur génial. Il conçut entre autres des machines de guerre en appliquant le principe du levier qui multiplie les forces.

La sculpture
La *Victoire de Samothrace* (IIe s. av. J.-C.) est l'un des chefs-d'œuvre de l'art hellénistique, caractérisé par l'élan vital et le sens du mouvement. (Musée du Louvre, Paris.)

L'HELLÉNISME

Après les conquêtes d'Alexandre le Grand et sa mort, en 323 av. J.-C., la civilisation grecque connut une fabuleuse expansion, très au-delà des frontières de la Grèce et de ses colonies : cette florissante période de l'histoire, de la culture, de l'art et des royaumes régis par les successeurs du grand conquérant s'appelle époque hellénistique.

L'autel de Zeus fut érigé à Pergame au IIe siècle av. J.-C. Il comportait de splendides frises sculptées en haut-relief représentant la lutte des dieux et des géants.

L'époque hellénistique se caractérise par une vie économique intense et par l'extraordinaire développement de villes comme Alexandrie, en Égypte, Antioche et Pergame, en Asie Mineure.
À gauche, le théâtre de Pergame (IIe s. av. J.-C.).

Scipion l'Africain, auréolé de la gloire de sa brillante victoire sur Carthage, chef incontesté des Romains fascinés par les nouveaux modèles culturels, souhaitait que Rome étendît sa domination vers la Grèce et vers l'Orient. Une fois vaincue l'opposition des conservateurs, Scipion, fort du consensus populaire, fit prévaloir sa volonté : ce fut le signal d'une longue série de guerres grâce auxquelles, en moins d'un demi-siècle, les Romains purent soumettre la Macédoine et la Grèce, réservant un statut particulier à Sparte et à Athènes, qui étaient restées neutres et, de ce fait, furent considérées comme cités alliées, dépendant toutefois du gouverneur de Macédoine.

Rome s'empara également de l'Asie Mineure, qui, en 133 av. J.-C., devint purement et simplement une province, par la

VOYAGES ARTISTIQUES
En s'emparant de la Grèce, les Romains furent définitivement conquis par la culture et l'art hellènes. La grandiose Athènes, riche de ses extraordinaires monuments, devint bientôt le modèle de la beauté pour Rome.

Le Parthénon
Cet imposant temple dorique dédié à Athéna fut érigé sur l'Acropole d'Athènes. de 447 à 432 av. J.-C. par les architectes Ictinos et Callicratès, sous la direction de Phidias, l'un des plus grands artistes de l'Antiquité.

Les œuvres d'art
Des centaines de chefs-d'œuvre de l'art grec venant des grandes cités du Péloponnèse furent transférés à Rome.

Les ports
Les quais des ports grecs grouillaient de manœuvres et d'esclaves qui emballaient les statues et autres objets d'art pour éviter qu'ils ne soient endommagés durant le transport.

Les soldats
romains escortaient les œuvres d'art, qui étaient en majorité transportées par bateau jusqu'à Rome.

Viriathe
n'était qu'un simple berger, mais il se révéla excellent stratège, infligeant de très lourdes pertes aux armées romaines.

Des peuples rebelles

Plusieurs peuples de la péninsule Ibérique ne se résignaient pas à la domination romaine et se révoltaient périodiquement. Les Celtibères et les Lusitaniens, en particulier, donnaient du fil à retordre aux occupants romains.

La guérilla
Profitant de sa parfaite connaissance du pays, Viriathe organisa une meurtrière guerre d'embuscade contre les occupants romains, perpétuellement surpris par cette tactique à laquelle ils n'étaient pas préparés.

Les Celtibères, issus de la fusion des Celtes et des Ibères, occupaient le centre et le nord de la péninsule Ibérique.

Les Lusitaniens Proche des Celtibères, ce peuple était établi sur la côte ouest de la péninsule Ibérique, à peu près sur le territoire de l'actuel Portugal, ainsi que sur une partie du haut plateau du centre de l'Espagne.

grâce du testament du roi de Pergame, Attale III.

Et Carthage fut détruite

Pendant qu'elle étendait ses possessions en Orient, Rome n'oubliait pas de consolider son empire en Occident : plusieurs problèmes étaient restés en suspens et, en particulier les rapports avec Carthage. La classe dirigeante romaine était de plus en plus convaincue de la nécessité d'éliminer définitivement l'antique rivale.

Un sénateur très écouté, Marcus Porcius Catone, dit Caton l'Ancien ou le Censeur, ne manquait pas une occasion de souligner les dangers représentés par cette ville, si riche et proche des rivages italiens ; il terminait tous ses discours par : « Carthage doit être détruite ! *Delenda Carthago !* »

À la première occasion, Rome déclencha la troisième guerre punique : en 149, Carthage ayant répondu par les armes à une énième provocation du royaume de Numidie protégé par les Romains, ceux-ci accusèrent Carthage d'avoir violé les traités de paix. La cité punique fut assiégée et finalement prise et détruite en 146 av. J.-C. Rome célébra l'événement par un triomphe sans précédent : elle avait abattu l'adversaire redouté et s'était emparée de ses territoires fertiles et de son commerce florissant, faisant affluer dans ses murs de nouvelles richesses.

L'insurrection de l'Espagne

La péninsule Ibérique restait un problème en Occident. Dès 154 av. J.-C., Celtibères et Lusitaniens étaient entrés en révolte. Les Lusitaniens sous la conduite de leur chef Viriathe furent matés en 139, après que leur chef eut été tué, victime d'une trahison. Les Celtibères furent également soumis, à

l'exception de la cité de Numance, qui opposa une longue résistance et ne fut conquise qu'en 133 par Scipion Émilien.

Rome dominait dorénavant les quatre grandes péninsules de la Méditerranée (Italie, Espagne, Grèce, Asie Mineure), ainsi que les côtes de l'Afrique du Nord. D'autres pays non assujettis politiquement (Numidie, Égypte, Syrie) pouvaient néanmoins être considérés sous sa dépendance.

Les provinces

À la fin du IIe siècle av. J.-C., Rome avait créé dix provinces. Chacune d'elles était gouvernée par un préteur, investi des pleins pouvoirs, auquel étaient adjoints de nombreux fonctionnaires, dont un questeur pour l'administration financière et plusieurs lieutenants pour le fonctionnement militaire. La forme de gouvernement était étudiée en fonction des us et coutumes du pays, mais les Romains n'admettaient aucune égalité de droits entre eux et les peuples conquis : être citoyen romain constituait un réel privilège. Les peuples italiques, qui n'étaient pas constitués en province, bataillèrent des années pour obtenir le droit de citoyenneté.

La religion était traditionnellement une religion d'État : elle se fondait sur la relation respectueuse, mais ferme, de la *res publica* et de ses magistrats avec les dieux. Ci-dessus, le temple de Vesta sur le forum Boarium (fin du IIe s. av. J.-C.).

Minerve, déesse de la Sagesse.

Janus, dieu des Portes et des Commencements.

L'Olympe romain
Aux multiples divinités grecques et étrusques assimilées depuis longtemps et dont le nombre avait augmenté avec la conquête de la Grande-Grèce, vinrent s'ajouter quelques dieux orientaux comme Cybèle, venant d'Asie, ou des divinités égyptiennes, tels Isis et Osiris/Sérapis.

Le culte
La religion romaine n'était pas fondée sur la prière, mais sur les cérémonies publiques, les processions et les sacrifices, suivis par les citoyens en grand nombre. Ci-contre, détail d'un bas-relief de l'autel de Domitien (Ier s. av. J.-C.).

Vers l'Empire

Après les extraordinaires conquêtes militaires du IIe siècle av. J.-C., la société romaine connut de profonds bouleversements. Les intérêts sociaux divergents, les ambitions personnelles et les aspirations des peuples assujettis furent la cause d'une longue crise des institutions républicaines.

Les changements de la société

La conquête de la Méditerranée et de l'Orient s'accompagna, au IIe siècle avant notre ère, de profondes transformations dans la société et dans l'économie romaines concrétisées par la déchéance, l'appauvrissement et la perte des terres chez les paysans romains et italiques, la constitution d'énormes propriétés aux mains des riches citoyens et l'insertion de milliers d'esclaves dans les exploitations agricoles.

Durant leurs longues obligations militaires, les paysans n'avaient pas pu cultiver leur terre et, pour assurer la subsistance de leur famille, ils avaient contracté des dettes qu'ils n'étaient pas en mesure de rembourser à leur retour de campagne. Beaucoup durent céder leurs droits à leurs créditeurs,

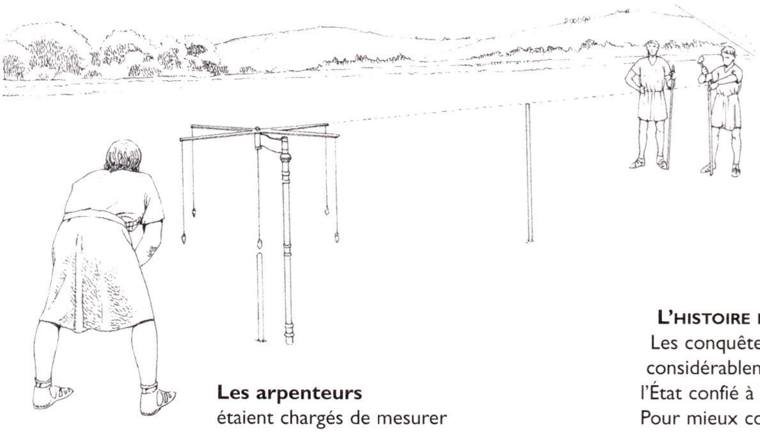

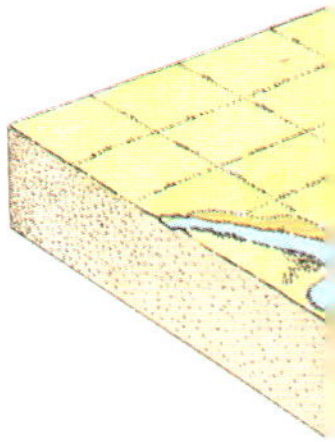

Les arpenteurs étaient chargés de mesurer le territoire pour le subdiviser en centuries. Ils utilisaient le *groma*, sorte de règle mobile tournant sur un cercle gradué, ainsi que des piquets grâce auxquels ils pouvaient tracer angles et alignements.

L'histoire de l'agriculture
Les conquêtes avaient augmenté considérablement le territoire de l'État confié à l'exploitation privée. Pour mieux comprendre les divers changements intervenus, l'illustration de droite montre un même territoire divisé en centuries, à deux époques différentes de l'histoire de Rome.

abandonner leur exploitation et se rendre dans les villes, principalement à Rome, à la recherche d'une nouvelle activité. Ils ne purent pas non plus profiter de la distribution des terres de l'*ager publicus* qui étaient affermées pour une si longue durée et en parcelles si importantes qu'elles étaient hors de portée des petits agriculteurs.

Dans le même temps, les conquêtes avaient fait affluer à Rome d'immenses richesses, dont les membres les plus importants de l'ordre sénatorial s'étaient approprié la plus grande part, investissant leurs immenses fortunes dans l'acquisition de nouvelles terres et augmentant ainsi leur propriété.

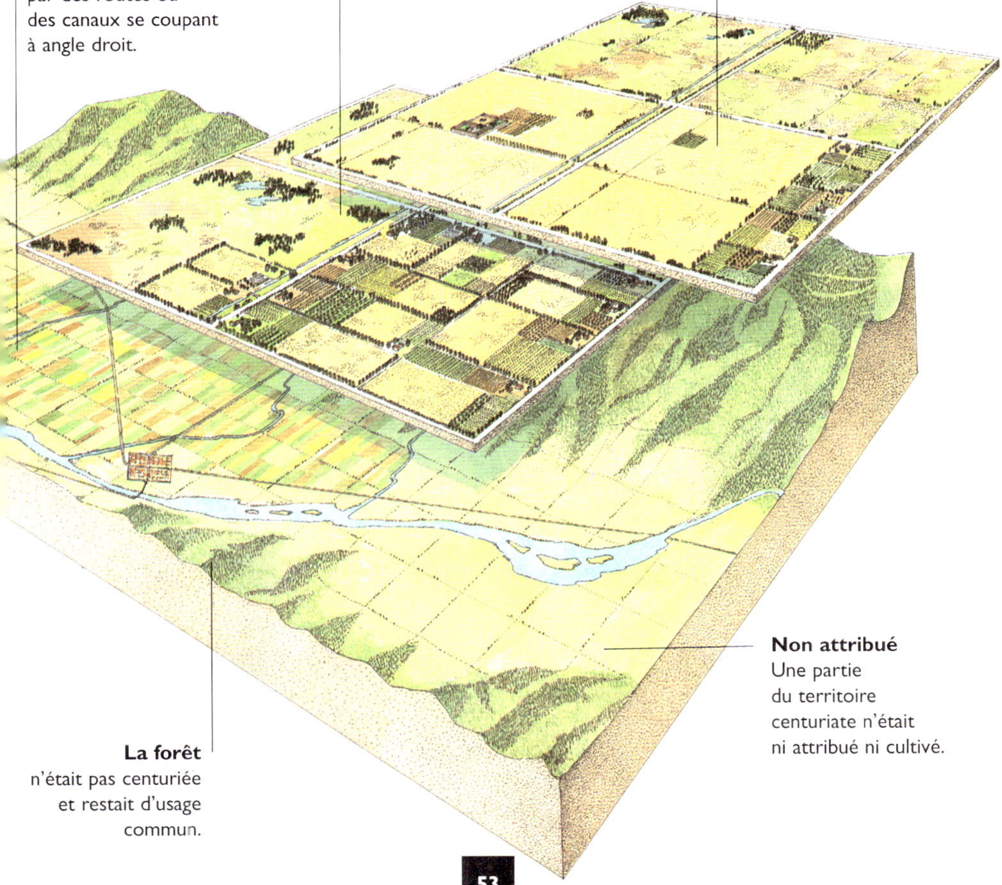

La *pars fructuaria* comprenait les étables, les remises, les granges, les celliers et souvent aussi des cuisines, avec des fours pour la cuisson du pain.

La *pars rustica* comprenait entre autres les dortoirs des esclaves, ainsi que les pressoirs pour le vin et l'huile.

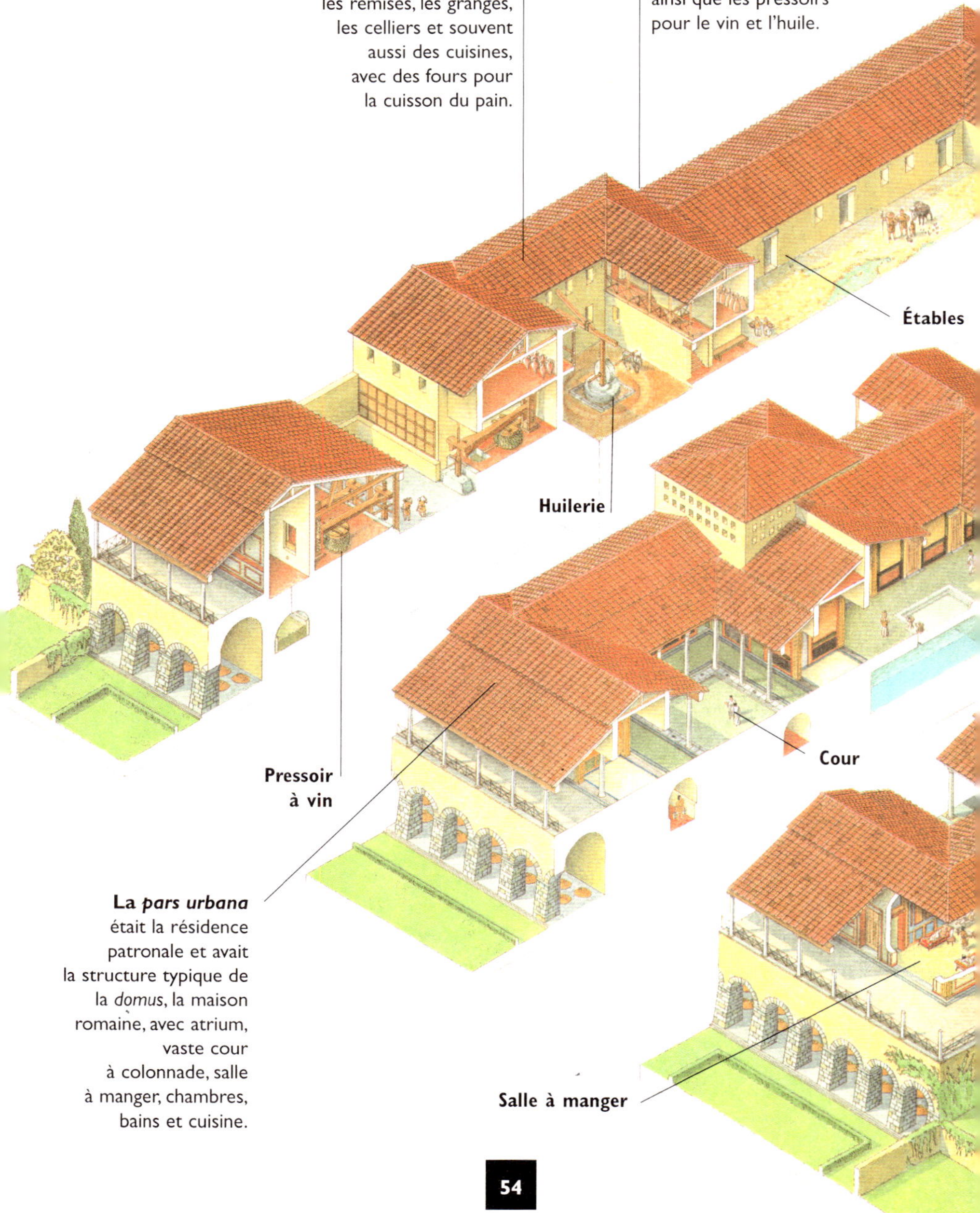

La *pars urbana* était la résidence patronale et avait la structure typique de la *domus*, la maison romaine, avec atrium, vaste cour à colonnade, salle à manger, chambres, bains et cuisine.

L'antique profil du petit paysan propriétaire laissait définitivement la place aux grands latifundistes. Ces derniers disposaient pour exploiter leurs terres de la masse de main-d'œuvre bon marché constituée par les esclaves, prisonniers de guerre asservis.

De grandes richesses, de belles opportunités, mais aussi des conflits

Le nouveau domaine de Rome comprenait des territoires immenses où les productions agricoles étaient très développées, ce qui, par exemple, rendait superflue l'antique culture locale du blé ; les provinces étaient également riches en minerais divers et en matières premières ; enfin, Rome avait vu s'ouvrir de vastes marchés pour commercialiser sa propre production.

Pour les Romains, toutefois, la richesse continuait d'être liée à la propriété foncière. Les membres de l'aristocratie acquéraient toujours plus de terres et toujours plus d'esclaves. La limite maximale autorisée des 500 jugères (environ 1,25 ha) d'une vieille

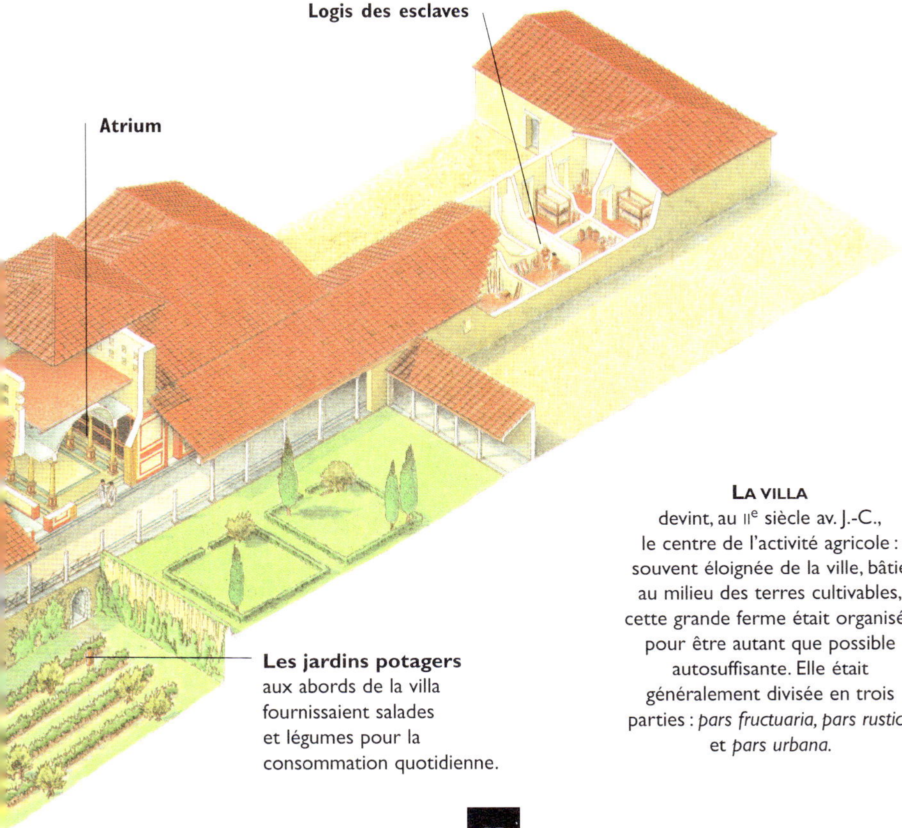

Les jardins potagers aux abords de la villa fournissaient salades et légumes pour la consommation quotidienne.

La villa devint, au IIe siècle av. J.-C., le centre de l'activité agricole : souvent éloignée de la ville, bâtie au milieu des terres cultivables, cette grande ferme était organisée pour être autant que possible autosuffisante. Elle était généralement divisée en trois parties : *pars fructuaria, pars rustica* et *pars urbana.*

loi du IVe siècle n'était plus respectée. Depuis les guerres puniques, l'ordre des aristocrates était plus fermé que jamais : l'accès au consulat devint un privilège réservé aux membres d'environ 25 familles.

Un deuxième ordre voyait ses pouvoirs renforcés : celui des chevaliers *(equites)*, formé principalement de nouveaux riches qui prospéraient grâce aux diverses adjudications de l'État, tels le ravitaillement de l'armée, la construction et l'entretien des édifices publics, la perception de l'octroi, le recouvrement des impôts ou l'adjudication des mines. Certains *equites* étaient prêteurs d'argent, banquiers ou riches commerçants.

Une autre couche de la société se développa massivement au IIe siècle av. J.-C. : les artisans, affranchis pour la plupart. Leur nombre, comme celui des esclaves, avait considérablement augmenté depuis la deuxième guerre punique. Ils étaient tailleurs, cordonniers, potiers, maréchaux-ferrants, forgerons, charrons…

Comme on l'a dit précédemment, du fait de la paupérisation des petits agriculteurs et de la fin des fondations de nouvelles colonies, des milliers de paysans émigrèrent à Rome pour y vivre d'aumône et de travaux occasionnels, beaucoup d'entre eux se mettant au service de politiciens qui assuraient leur maigre subsistance. Cette masse de personnes désireuses d'améliorer leur condition constituait une force de manœuvre politique, dont certains aristocrates luttant pour le pouvoir pensèrent tirer parti.

Les esclaves

Bien entendu, aucune classe sociale ne subissait pires conditions d'existence que les esclaves. Leur nombre allait sans cesse

Les esclaves
Du IIe siècle av. J.-C. jusqu'au IIIe siècle apr. J.-C., la principale force de travail était constituée par les esclaves. L'organisation de la villa en est l'un des exemples les plus frappants.

L'éclosion de la littérature
Jusque-là considérée comme inutile, la littérature latine fleurit à Rome, sur le modèle grec, à partir du IIe siècle av. J.-C. Les plus grands écrivains de cette période sont Ennius (239-169), Pacuvius (220-130), Térence (v. 185-v. 159), Lucilius (v. 180-103) et Accius (v. 170-85).

Un esclave lettré
Grec natif de Tarente, capturé par les Romains durant la guerre contre sa cité, Livius Andronícus (v. 284-v. 200) devint l'esclave du patricien Livius Salinatoris, qui, appréciant son esprit et sa culture, l'affranchit. Cet esclave devint le premier poète latin et créa la tragédie latine.

Patrons et *familiares*
Au sommet de la pyramide sociale se trouvaient le latifundiste et sa famille.

Les chefs
Le contrôle et la direction des esclaves étaient confiés à un surveillant en chef.

Les aides
étaient placés sous la direction du surveillant en chef et avaient pour mission de faire appliquer par les esclaves les consignes données par ce dernier.

Par groupes
Les esclaves étaient répartis en petits groupes, afin de faciliter leur surveillance.

Journaliers
Des paysans des domaines voisins étaient soudoyés pour assurer les travaux saisonniers.

L'ART DU « PARLER »
Au cours des grandes luttes politiques qui marquèrent l'histoire de Rome à partir de la fin du IIe siècle av. J.-C., l'éloquence – l'art oratoire – revêtit une importance primordiale. L'époque était effectivement propice à la dramatisation des événements historiques, à la fermentation des idées sociales et à l'éclosion de personnalités hors du commun.

SPQR
Ce sigle (*Senatus Populus Que Romanus*, le Sénat et le peuple romain) était l'emblème de l'État.

Les orateurs
Sur le podium du Sénat ou dans les tribunaux s'affrontaient des maîtres de l'éloquence, tels Marcus Giunius Brutus, Lelius « le Sage », les frères Gracchus ou Scipion Émilien. L'art oratoire devint une matière d'études littéraires, comme en témoignent les essais de Cicéron, *Brutus* et *De oratore*.

Cicéron
(106-43 av. J.-C.)
Ce grand orateur écrivit 106 discours, dont 58 seulement nous sont parvenus. Consul en 63, il déjoue la conjuration de Catilina, et ses 4 *Catilinaires*, véritables chefs-d'œuvre oratoires prononcés au Sénat, restent par leur habileté et leur force de persuasion un modèle de rhétorique latine.

Les sénateurs, lorsqu'ils se rendaient en séance, revêtaient la toge prétexte *(praetexta)*, grande tunique blanche à parure de pourpre.

croissant : prisonniers de guerre, fils d'esclaves, ou venant des marchés d'Orient, comme celui de l'île de Délos où chaque jour, disait-on, étaient vendus jusqu'à 10 000 esclaves, pour la plupart destinés à l'Italie. Soumis à une exploitation effrénée, les esclaves des campagnes étaient particulièrement contrôlés et surveillés ; ceux des villes jouissaient de conditions un peu meilleures, tandis que ceux qui, bergers ou pasteurs, étaient en charge des troupeaux, étaient les seuls à jouir d'une relative liberté, qui les mettait en situation de pouvoir déclencher une révolte armée.

Alliés et provinciaux

D'importantes sources de conflits se faisaient jour entre les Romains et leurs alliés italiques. Dans leur grande majorité, ces derniers connaissaient la même misère que les paysans romains ; en outre, leur élite subissait de plus en plus mal la discrimination qui leur interdisait d'acquérir la citoyenneté romaine.

Les provinces posaient également de graves problèmes. Les conquêtes de l'Espagne, de l'Afrique du Nord, de la Macédoine, de la Grèce et de l'Asie Mineure avaient fait subir de terribles souffrances aux populations de ces pays. Et, après la conquête, les gouverneurs issus de l'aristocratie sénatoriale ou des publicains – les nouveaux riches de l'ordre équestre – mirent brutalement et sans scrupule les pays en coupe réglée.

Les fortes inégalités sociales, les aspirations contradictoires des deux groupes dominants (ordre sénatorial et ordre équestre), le mécontentement grandissant des paysans expulsés de leurs terres et des masses citadines sans occupation fixe, les

tensions avec les alliés et avec les provinces : cet ensemble d'éléments devait engendrer une situation de crise sans précédent. Il apparaissait évident que ces grands problèmes de cohésion sociale et de conflits d'intérêts ne pourraient être résolus par quelque réforme politique ou économique que ce soit.

Il s'ouvrit donc une longue période de violence, au cours de laquelle éclatèrent révoltes et guerres civiles qui mirent de plus en plus à mal les institutions républicaines.

Les Gracques

Tiberius et Caius Gracchus, nobles de naissance, devinrent défenseurs du peuple par idéal. Tiberius fut le premier à apparaître sur la scène politique : en 133 av. J.-C., il proposa au Sénat une loi selon laquelle tous ceux qui possédaient plus de 500 jugères (environ 125 ha) d'*ager publicus* auraient dû restituer à l'État la partie excédentaire, la terre ainsi récupérée devant être distribuée aux citoyens pauvres par petites parcelles de 30 jugères (environ 7,5 ha) chacune. Cette

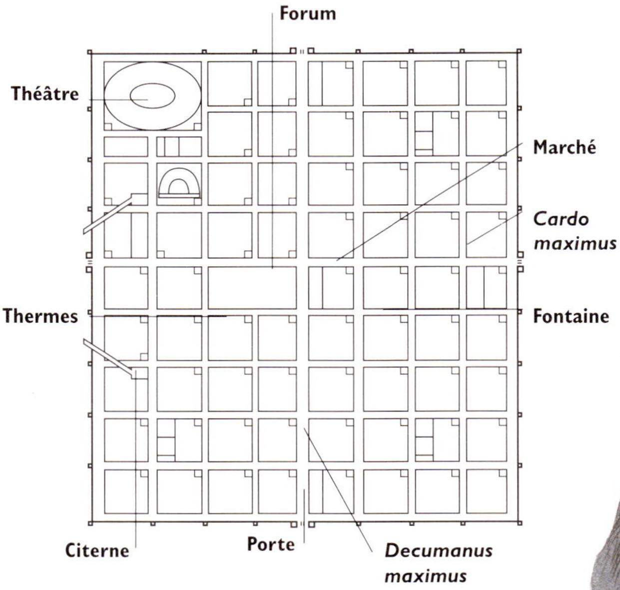

Les villes romaines étaient toutes construites sur le même schéma d'urbanisme : on traçait deux lignes directrices principales parfaitement rectilignes et perpendiculaires, le *cardo maximus* et le *decumanus maximus*. Leur croisement déterminait le centre de la cité, où se trouvait généralement le forum. Autour, les îlots d'habitations étaient édifiés selon un strict plan quadrangulaire.

Les ruelles de Rome

Alors que les villes nouvelles étaient bâties sur un plan rationnel rectangulaire, avec des rues larges se coupant à angle droit, à Rome, du fait de l'augmentation sans cesse plus importante de la population, le tracé des ruelles devenait de plus en plus anarchique.

Les *insulae*

étaient des immeubles de rapport divisés en logements populaires. Au rez-de-chaussée s'ouvraient des *tabernae* ou des boutiques.

Les *vici*

La plus grande partie des rues de la ville était constituée de *vici*, ruelles étroites, mal entretenues et privées de trottoirs.

La densité de la construction

rendait nécessaire l'ouverture de passages *(semitae)* et d'impasses *(angiporti)*.

proposition de loi rencontra l'opposition violente des sénateurs, en majorité latifundistes. Habile orateur, Tiberius réussit néanmoins à la faire approuver. Mais son succès fut très cher payé : le Sénat le fit assassiner, et sa loi tomba rapidement en désuétude. Dix années plus tard, le programme de Tiberius fut repris par son frère Caius. Durant son tribunat de la plèbe (123-122 av. J.-C.), il fit promulguer un vaste ensemble de lois, en s'assurant le soutien des publicains de l'ordre équestre par la concession de divers avantages, dont, en particulier, le droit de juger des abus de pouvoir des sénateurs. Cela eut pour effet d'accélérer la politisation des *equites* et d'augmenter leurs frictions avec les aristocrates du Sénat.

LA *DOMUS*
Fastueuses, les demeures des riches Romains étaient ornées de statues et décorées de marbre. Les parois intérieures étaient peintes en couleurs vives de décors floraux ou de scènes de la vie quotidienne.

Le jardin *(hortus)* s'enrichit très tôt de statues et de fontaines.

Les toilettes, appelées latrines, s'agrandirent progressivement jusqu'à devenir de véritables thermes privés.

Le *triclinium*, vaste et luxueux, était la salle de réception pour fêtes et banquets. Il s'ouvrait généralement sur le jardin, où les invités se rendaient pour converser.

La cuisine contenait le foyer, le four et l'évier.

Caius introduisit l'usage de la distribution de blé à bas prix pour le petit peuple de Rome et engagea avec succès d'autres mesures administratives en faveur des plus démunis. Mais il échoua en revanche lorsqu'il voulut reprendre la réforme agraire de Tiberius. Il ne put pas non plus accorder la citoyenneté romaine aux Latins ni le droit de vote aux peuples alliés.

La réaction des conservateurs fut brutale : en 121 av. J.-C., Caius Gracchus mourut de mort violente avec 3 000 de ses partisans insurgés regroupés sur l'Aventin.

La fin des Gracques consacrait la reprise en main du pouvoir par l'aristocratie sénatoriale : les nobles avaient vaincu le parti populaire, mais les problèmes fondamentaux de la société romaine restaient entiers.

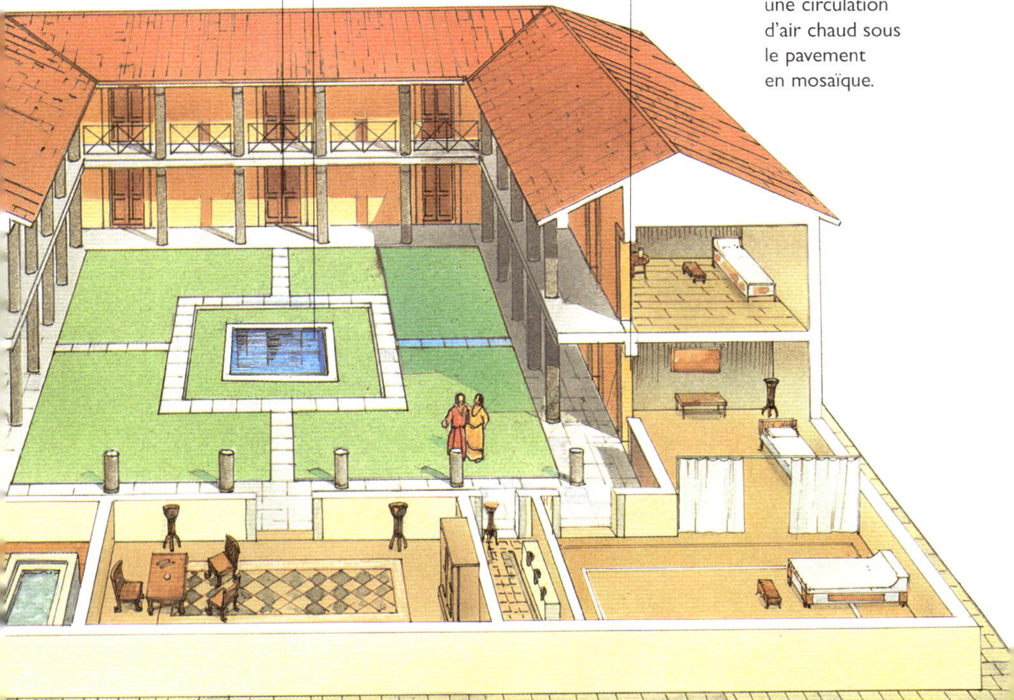

Un « homme nouveau »

Un événement extérieur fut la cause d'un bouleversement politique. À la fin du IIe siècle, dans le royaume africain de Numidie, allié de Rome, l'usurpateur Jugurtha s'en prit aux intérêts des négociants et hommes d'affaires romains. En 107 av. J.-C., les membres de la classe équestre, plus directement concernés et mécontents de la mollesse de réaction du Sénat, imposèrent au consulat un homme nouveau et énergique : Caius Marius. Privé d'ancêtres illustres, mais intelligent et courageux, Marius, aidé de son légat Sylla, captura Jugurtha en 105 av. J.-C.

Pour faire face à la campagne d'Afrique, Marius eut à résoudre le problème fondamental du recrutement de l'armée, instrument essentiel de l'expansion et de la puissance romaines. Jusqu'au IIe siècle, on l'a

EN FORMATION !
Lorsque l'ordre de bataille était donné, la légion se disposait sur trois lignes.

La cavalerie
protégeait les ailes afin d'éviter l'encerclement de la légion.

Les lignes
Chaque ligne comptait 10 manipules de 2 centuries chacune, entre lesquelles était laissé un espace vide pour le passage des *velites*, jeunes gens seulement armés d'arcs et de frondes, qui décochaient flèches et pierres et rentraient aussitôt dans les rangs.

vu, les légionnaires étaient recrutés par cens parmi les citoyens qui pouvaient payer leur équipement, mais, avec la crise sociale des paysans et leur faillite économique, la base de recrutement majoritaire qu'ils représentaient s'était considérablement réduite. Marius se tourna donc vers les masses de prolétaires qui peuplaient la ville de Rome : il appela sous les armes les volontaires sans aucune discrimination de revenu. L'armée accueillait désormais conscrits et volontaires, devenant semi-professionnelle plutôt que citoyenne. Il s'ensuivit une transformation profonde de la mentalité des légionnaires, dès lors surtout soucieux d'amasser du butin et d'obtenir des domaines fonciers à leur démobilisation et qui, pour ce faire, étaient fidèles à leurs généraux. Ces nouvelles caractéristiques eurent une influence décisive sur les événements du siècle suivant.

L'ART DU PORTRAIT
La vogue du portrait dérive de l'antique coutume d'exposer le buste des ancêtres dans la *domus*. À l'époque républicaine, les portraits publics représentaient consuls et magistrats. Les patriciens firent également réaliser des bustes de leur femme ou de leurs enfants.

Tête
de la tombe des Valerii (seconde moitié du IIe s. av. J.-C., musées du Vatican).
Si les sculpteurs étaient en majorité d'origine grecque, le portrait est néanmoins typique des coutumes et de la mentalité des patriciens romains.

Sylla
(buste de 80-75 av. J.-C., Musée archéologique de Venise).
La réforme de Sylla priva les tribuns de la plèbe de presque toutes leurs prérogatives, augmenta le nombre des sénateurs et établit des normes strictes afin d'empêcher qu'un général ne puisse s'emparer du pouvoir par la force.

Les ancêtres
Depuis les époques les plus reculées, les patriciens exposaient dans leur maison les bustes de leurs ancêtres, célébrant ainsi l'illustre passé de leur famille et exprimant leur fierté d'appartenir à un noble lignage. À gauche, *Patricien avec bustes d'ancêtres*, sculpture du début du Ier siècle apr. J.-C. (Palais des Conservateurs, Rome.)

La guerre civile

Une période de crises graves s'annonçait. Les alliés italiques qui, depuis tant d'années, réclamaient en vain la citoyenneté romaine s'insurgèrent, créèrent deux confédérations de peuples (Marses au nord, Samnites au sud) et levèrent une armée de 100 000 hommes qui combattit avec acharnement jusqu'à ce que leur fût reconnu ce droit tant convoité. Ce terrible conflit est restée dans l'histoire sous le nom de « guerre sociale ».

Cet affrontement n'avait pas encore trouvé sa solution, lorsque Rome fut secouée par la guerre civile qui opposa Marius, à la tête du parti populaire, et Sylla, défenseur du Sénat et des nobles. Tous deux voulaient obtenir le commandement de la guerre contre Mithridate, roi du Pont – un royaume d'Asie Mineure encore indépendant. Sylla l'emporta par un coup de force. Pendant trois ans, Rome fut dévastée par des luttes internes, des massacres et des bains de sang entre les deux factions rivales. Sylla en sortit vainqueur en 82. Sous sa dictature fut adoptée une réforme qui renforçait les pouvoirs des nobles : les tribuns de la plèbe perdaient leur droit de veto, et les chevaliers, leurs sièges aux tribunaux. Mais l'ordre sénatorial était dans l'incapacité de répondre aux exigences de la société romaine : il en résulta une grande instabilité, à laquelle deux hommes nouveaux cherchèrent à apporter remède.

Pompée et Crassus

Entre 73 et 71 av. J.-C., Marcus Licinius Crassus mit fin à la révolte des esclaves de Spartacus, tandis que Cnaeus Pompeius Magnus anéantissait une révolte en Espagne, entre 76 et 72.

En 70, quelques années après le départ de Sylla de la scène politique, Pompée et Crassus furent élus consuls. Ils n'auraient pas dû, en principe, accéder à cette charge, car ils ne remplissaient pas les conditions légales prévues par la Constitution, mais leurs armées campaient sous les murs de la ville, prêtes à intervenir au moindre signe de leur chef. Le Sénat s'inclina.

Dans un premier temps, Pompée et Crassus donnèrent l'impression de pouvoir gouverner en bonne intelligence et, de fait, ils abolirent immédiatement la réforme de Sylla. Puis ils entrèrent en conflit, et le Sénat, pour éviter une nouvelle guerre civile, envoya Pompée combattre les pirates qui infestaient la Méditerranée et Mithridate, qui menaçait la province d'Asie.

Tandis que Pompée remportait victoires sur victoires et distribuait des millions de sesterces à son armée et au trésor public,

Jeune fille
Les riches coiffures exaltaient la beauté des jeunes filles romaines. À gauche, buste du Ier siècle apr. J.-C. (Musées Capitolins, Rome.)

Réaliste
Les portraits de l'époque républicaine sont caractérisés par le réalisme, qui respecte la ressemblance, même dans ses aspects les moins agréables. Il s'agissait bien d'une volonté des Romains, qui se considéraient comme virils, durs et réalistes, et désiraient justement donner cette image d'eux-mêmes. Ci-contre, tête de patricien (Ier s. av. J.-C., musée Torlonia, Rome).

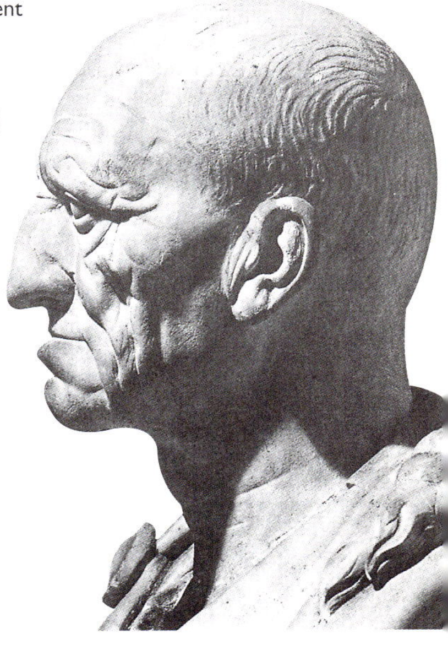

Crassus dirigeait à Rome le parti populaire, assisté du jeune aristocrate Caius Julius Caesar. Ils affrontaient deux personnalités de génie à la tête du parti des nobles : Caton et Cicéron.

Le premier triumvirat

Jules César était intelligent, cultivé et fin politique : il voulait affaiblir l'autorité du Sénat, mais, pour ce faire, il avait besoin de s'allier des personnalités de premier plan. Il profita donc du mécontentement de Pompée qui, rentrant victorieux des campagnes d'Orient, était déçu par le refus du Sénat de concéder des terres à ses vétérans et de lui accorder le triomphe. César s'attira également l'appui du riche Crassus, qui avait une influence notable sur l'ordre équestre.

La matrone avait l'exclusivité de l'étole, long vêtement à plis amples, ceinturé à la taille, et qui était porté sur la tunique intime.

Les bijoux Boucles d'oreilles, diadèmes, colliers et bagues brillaient dans les parures féminines, dans un scintillement d'or, d'argent et de pierres précieuses, tels saphirs, émeraudes, grenats ou rubis.

C'est ainsi qu'en 60 av. J.-C., à l'insu du Sénat, naquit le premier triumvirat, dans un accord secret qui était en fait une exceptionnelle coalition de forces : Crassus représentait la force économique, Pompée, la force militaire et César, la force populaire.

Grâce à cette alliance, César fut élu consul en 59 et, reprenant à son compte la politique des Gracques, réussit à imposer au Sénat une loi agraire qui prévoyait la distribution des terres de l'*ager publicus* aux vétérans de Pompée et aux citoyens les plus démunis. À la fin de son mandat de consul, César se fit confier pour cinq ans le proconsulat de Gaule Cisalpine et d'Illyrie (l'actuelle Dalmatie), auxquelles le Sénat, par une faiblesse incompréhensible, adjoignit bientôt la Gaule Narbonnaise.

Les gladiateurs
étaient des esclaves destinés aux combats du cirque. Ils étaient soumis à une vie rude, rendue plus difficile encore par un entraînement exténuant.

La tunique
Les nobles romains endossaient la toge par-dessus la tunique, élément de base de leur habillement.
Avec le temps, la tunique, plus pratique, devint le vêtement usuel, la toge étant réservée à certains événements de la vie politique et sociale.

Pouce !
Le peuple décidait du sort du gladiateur vaincu : pouce levé, il concédait la vie sauve ; pouce vers la terre, c'était la mort.

Les combats de gladiateurs
Les Romains étaient particulièrement friands des spectacles de combats avec effusion de sang.

La bataille d'Alésia
César contraignit Vercingétorix à se retrancher avec ses 70 000 hommes dans la forteresse d'Alésia. Le valeureux chef arverne résista deux mois aux dix légions romaines (environ 50 000 hommes) qui l'encerclaient et qui repoussèrent victorieusement les assauts des armées gauloises venant à son secours.

Les fortifications internes, d'une longueur de 15 km, interdisaient toute sortie aux assiégés.

Les fortifications externes, d'une longueur de 22 km, furent édifiées par César afin d'éviter d'être surpris par les renforts gaulois qui marchaient par dizaines de milliers vers Alésia au secours de Vercingétorix.

Le consulat de César fut important parce qu'il a signé le déclin définitif du Sénat, faisant ainsi le lit du principat aux dépens de la République. Son commandement militaire de cinq ans – fait sans précédent dans l'histoire de Rome – devait constituer un excellent tremplin pour accéder au pouvoir. César partit pour la Gaule à la tête de ses légions, non sans avoir auparavant éliminé par d'habiles manœuvres les deux têtes pensantes du Sénat, Cicéron et Caton.

La conquête de la Gaule

À l'époque de César, la Gaule indépendante, qui s'étendait des Pyrénées au Rhin, était divisée en trois parties : la Gaule centrale, de la Garonne à la Seine, la Gaule nord-orientale, de la Seine au Rhin, et la Gaule occidentale.

Sur ces territoires, plusieurs peuples guerroyaient entre eux. César profita d'un appel à l'aide des Éduens, peuple ami de Rome envahi par les Helvètes, pour intervenir et pour assujettir toute la région entre 58 et 56 av. J.-C. Sur sa lancée, César frappa les Germains : en septembre 58, il écrasa les Suèves commandés par Arioviste dans la plaine d'Alsace, affranchissant pour plus de trois siècles la Gaule des invasions germaniques.

Mais les Gaulois qui, avant la conquête romaine, étaient divisés en une multitude de tribus perpétuellement en conflit, s'organisèrent en une vaste coalition de peuples et, en 52, sous la conduite du chef arverne Vercingétorix, se soulevèrent contre l'occupant romain. Il s'ensuivit une année de guerre impitoyable, dont Jules César sortit vainqueur après la reddition de Vercingétorix à Alésia. En 51, la Gaule tout entière était province romaine.

César contre Pompée

Pendant ce temps, Rome était le théâtre de violents affrontements entre le peuple et le Sénat. En 53, Crassus avait péri sous les flèches des cavaliers parthes dans une désastreuse campagne d'Orient : César et Pompée se retrouvaient désormais face à face, moins alliés que rivaux.

En février 52, l'anarchie qui régnait à Rome décida le Sénat à donner à Pompée, toujours proconsul d'Espagne, le consulat d'Italie avec pleins pouvoirs. En quelques semaines, Pompée rétablit l'ordre et son prestige atteignit des sommets : il était devenu le *princeps* (prince, ou « premier »), à l'autorité quasi souveraine.

César bouillait d'impatience en Gaule. En décembre 50, il décida de « franchir le Rubicon », petite rivière séparant la Gaule Narbonnaise de l'Italie et servant de frontière symbolique, que le Sénat lui avait enjoint de ne pas traverser. Ses légions marchèrent sur Rome, contraignant Pompée et la majorité du Sénat à la fuite.

Après plusieurs batailles, en Espagne d'abord, puis en Dalmatie, les armées de Pompée, pourtant supérieures en nombre à celles de César, furent écrasées à Pharsale, en Thessalie, le 29 juin 48. Pompée prit la fuite vers l'Égypte, mais mourut assassiné au large d'Alexandrie sur ordre de Ptolémée XIII. Ses partisans continuèrent la lutte, mais perdirent plusieurs batailles et furent définitivement vaincus à Munda, en Espagne, en mars 45.

La dictature de César

Jules César devint le maître unique et absolu de la république : dès 49, il avait été élu dictateur, avec pour mission de réorganiser l'État et de faire procéder à des élec-

Jules César
imposa au Sénat une grande réforme agraire et se rendit populaire auprès des pauvres en faisant fréquemment distribuer du blé. Il réalisa également d'importantes réformes économiques et politiques. En particulier, il multiplia le nombre des magistrats afin d'affaiblir leur pouvoir.

Caius Iulius Caesar
Les citoyens romains libres portaient trois noms : le nom personnel appelé *praenomen*, le nom gentilice, c'est-à-dire de la *gens*, appelé *nomen*, et le surnom, dit *cognomen*. César était de la *gens Iulia*, d'où le nom de *Iulius*. *Caius* était son *praenomen* et *Caesar*, son *cognomen*. Dans certains cas, on ajoutait un second surnom comme, par exemple, pour Scipion, dit « l'Africain » ou Caton, « le Censeur ».

tions régulières, ce qu'il avait fait en onze jours ! En 46, il avait été fait consul pour dix ans. Depuis longtemps, en fait, beaucoup pensaient qu'il était l'homme providentiel. C'est ainsi qu'en février 44 il fut élu dictateur et censeur à vie, réunissant désormais dans ses mains la totalité des pouvoirs.

Parmi les nombreuses réformes qu'il engagea, Jules César accorda la citoyenneté romaine aux habitants de la Gaule Cisalpine – l'actuelle Italie du Nord – et à quelques provinces.

Quasiment divinisé par le peuple de Rome, César refusa cependant le titre de *rex* (roi) qu'on lui offrait, songeant sans doute à créer un empire universel, à l'exemple d'Alexandre qui, au IVe siècle, avait fondé un empire qui s'étendait de la Grèce aux frontières de l'Inde.

Mais il fut assassiné le 15 mars 44, sur les marches de la curie, par une conjuration

Les conquêtes de César
Durant son *imperium,* César ajouta au vaste territoire romain les régions de la Gaule correspondant à la France, à la Belgique et aux Pays-Bas actuels.

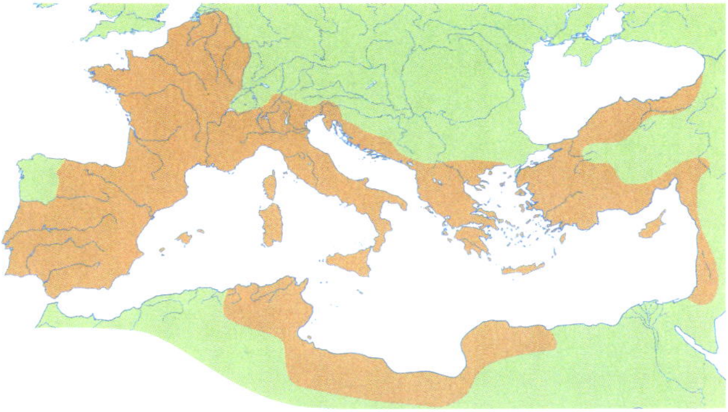

Le calendrier julien
César fit adopter le calendrier fondé sur l'année solaire de 365 jours, à la place du calendrier lunaire de 355 jours. Il prévoyait aussi l'année bissextile.

La monnaie romaine du IVe siècle était l'*as* de bronze. Au IIIe siècle fut émis le *denier* d'argent, monnaie républicaine par excellence, qui valait 10 as. Le denier était divisé en *sesterces,* qui valaient 2,5 as. L'*aureus*, la monnaie d'or, correspondait à 25 deniers. Avant d'être assassiné, César projetait une vaste réforme du système monétaire afin de répondre aux exigences du nouvel État, mais il n'eut pas le temps de la mettre en pratique. Ci-dessus, denier à l'effigie de Jules César.

Calendes, ides, nones
Pour chaque mois étaient déterminés 3 jours correspondant aux phases lunaires : le 1er jour, à la nouvelle lune, était appelé *calendae* ; le 5e ou le 7e, au premier quartier, était dit *nonae* et le 15e, à la pleine lune, était nommé *idi* (ides). César fut assassiné aux ides de mars de 44 av. J.-C.

ALEXANDRIE,
fondée par Alexandre le Grand en 332 av. J.-C., devint très vite l'une des plus importantes cités du monde antique. Centre commercial actif, la ville fut aussi le siège de nombreuses écoles littéraires, artistiques et philosophiques.

Le Phare
était considéré comme l'une des Sept Merveilles du monde. Il se dressait sur l'île de Pharos – d'où son nom –, aux abords du plus important des deux ports de la ville.

Une ville somptueuse
Alexandrie, dont le plan en damier avait été dessiné par l'architecte Dinocratès de Rhodes, renfermait de nombreux monuments tous plus splendides les uns que les autres.

Le Musée,
construit pour accueillir des savants, devint au cours du temps le plus important centre de culture hellénistique. Outre ses portiques, salles de conférence et autres installations d'étude, il abritait la célèbre bibliothèque.

Une ville cosmopolite
Alexandrie, qui possédait de nombreuses caractéristiques de la civilisation égyptienne, était néanmoins de culture grecque, comme l'avait voulu son fondateur. Au cours du temps, affluèrent des gens de toutes origines et civilisations, qui s'intégrèrent peu à peu et firent de la ville un incroyable centre cosmopolite, une véritable cité « universelle ».

dans laquelle se trouvait Brutus, neveu de Caton. Sa mort empêcha donc César de réaliser son rêve, et, pour l'État romain, annonçait de nouvelles et sanglantes vicissitudes.

Antoine contre Octave

Cette fois, ce furent les deux lieutenants du dictateur qui s'affrontèrent : Octave, son fils adoptif, et Marc Antoine, consul cette année-là. Dans un premier temps, ils constituèrent avec Lépide, proconsul de la Narbonnaise, un triumvirat, officiel celui-là, qui devait exercer la magistrature suprême pour cinq ans. Octave et Antoine poursuivirent en Grèce les assassins de César et anéantirent leur armée dans la plaine de Philippes, en novembre 42. Brutus, Crassus et les autres conjurés se donnèrent la mort.

Après avoir écarté Lépide, Antoine s'attribua le pouvoir sur l'Orient et Octave sur l'Occident. Antoine s'installa en Égypte, où il vécut en fastueux monarque oriental auprès de la reine Cléopâtre, sa compagne qui lui donna trois fils et à qui il offrit, outre un pouvoir renforcé sur l'Égypte, les plus riches conquêtes romaines en Asie (Judée, Phénicie, Syrie, Chypre...). La réaction de Rome fut immédiate : Octave saisit au vol l'occasion de se débarrasser de son rival et affronta la flotte égyptienne dans une gigantesque bataille navale à Actium, au large des côtes occidentales de la Grèce, en 31 av. J.-C. Vaincu, Antoine s'enfuit avec Cléopâtre, laissant leur flotte à la merci des Romains. L'année suivante, Octave investissait Alexandrie, et Antoine, se voyant perdu, se donna la mort. Cléopâtre se suicida peu après en se faisant mordre par un aspic.

À l'automne 29, Octave fit son entrée à Rome, qui lui réserva un triomphe de trois jours : la république avait cessé d'exister.

L'Empire romain

Octave inaugura une forme de gouvernement personnel, appelé principat. Ce fut pour Rome le début d'une période de splendeur qui dura jusqu'au IIe siècle de notre ère. L'Empire romain devint une entité politique et culturelle, qui devait atteindre sous Trajan son expansion maximale.

La lutte politique à Rome s'est manifestée, à partir du IIe siècle av. J.-C., par une violence d'intensité toujours croissante. Des affrontements initiaux, on était passé aux conflits armés, puis aux sanglantes guerres civiles. Les difficultés à gouverner les vastes territoires conquis avaient créé de nouvelles tensions, dues aux ambitions des différents proconsuls et de leurs armées. Le peuple romain, las des querelles politiques et de l'interminable succession de guerres civiles, manifestait un grand désir de paix.

Le principat

Après son retour triomphal en 29, Octave était resté l'unique patron de Rome. Progressivement, il s'assura tous les pouvoirs, sans pour autant se proclamer ouvertement roi de Rome. Avec la charge d'*imperator,* commandant suprême des armées, le titre d'*Auguste,* qui signifie : « Que les dieux soutiennent dans tous ses actes », celui de *pontifex maximus* (plus haut dignitaire religieux) et de *pater patriae* (père de la patrie), il concentrait sur sa personne l'ensemble

Pontifex maximus
Auguste est souvent représenté en habits pontificaux, c'est-à-dire revêtant les symboles de la plus haute autorité religieuse. Ce type de statue caractérise l'art « officiel » romain, destiné à diffuser partout dans l'Empire la gloire de Rome dans tous ses aspects.

L'horloge solaire,
construite sous Auguste sur le Champ de Mars, était constituée d'un grand obélisque rapporté d'Égypte et qui projetait son ombre sur une vaste place pavée.

Quelle heure est-il ?
Dans le pavement de la place étaient incrustés des chiffres et des lignes de bronze, qui permettaient de lire l'heure en regardant la position de l'ombre.

L'*Ara Pacis*
fut érigé sur la volonté du Sénat en l'honneur d'Auguste. Richement décoré de bas-reliefs qui célébraient la grandeur de Rome et la paix réalisée par l'empereur, cet autel fut réalisé entre 13 et 9 avant notre ère.

La paix
fut le chef-d'œuvre d'Auguste et s'étendit partout dans l'Empire. Cette paix ne signifiait toutefois pas la fin des activités militaires, toujours nécessaires pour garantir la défense et la consolidation de l'Empire, mais bien la cohabitation pacifique des divers peuples et leur unification sous la tutelle de Rome.

Un rendez-vous annuel
Le 23 septembre, jour anniversaire de la naissance d'Auguste, l'ombre atteignait l'*Ara Pacis*.

L'ORGANISATION DE LA VILLE
Rome était devenue la plus grande cité du monde antique. La ville fut divisée en 14 régions (arrondissements) et confiée à trois préfets ayant chacun une fonction spécifique.

Le ravitaillement
L'approvisionnement en blé et en vivres de la ville de Rome dépendait du préfet de l'annone.

Le système fiscal
fut également réformé par Auguste. En plus du traditionnel Trésor *(aerarium)*, confié au Sénat, fut instauré le *fiscus*, réservé à l'empereur. Les ressources du *fiscus*, en principe destinées à l'entretien de l'armée, provenaient en particulier de l'Égypte, domaine réservé de l'empereur, et d'autres provinces. Elles étaient largement supérieures à celles de l'*aerarium*, qui servaient aux dépenses civiles de l'État.

des pouvoirs de l'Empire. Le principat d'Auguste dura plus de quarante ans et a constitué une étape essentielle de l'histoire de Rome, que ce soit en politique intérieure ou pour la stabilité et la paix qu'il sut instaurer dans tout l'Empire.

La grande habileté d'Auguste a consisté à gouverner en monarque quasi absolu tout en apparaissant aux yeux du Sénat et du peuple romain comme un loyal serviteur de l'État et de ses institutions. Auguste eut de fait en permanence une attitude très respectueuse à l'égard du Sénat, dont il réduisit néanmoins considérablement les pouvoirs.

Il distribua les hautes charges de l'État, partie aux sénateurs, partie aux *equites*, et, pour éviter que le Sénat ne soit réservé aux seules familles nobles, il en favorisa l'entrée à des hommes nouveaux choisis en fonction de leurs capacités, de leur richesse et de leur mérite, et non plus selon leur naissance.

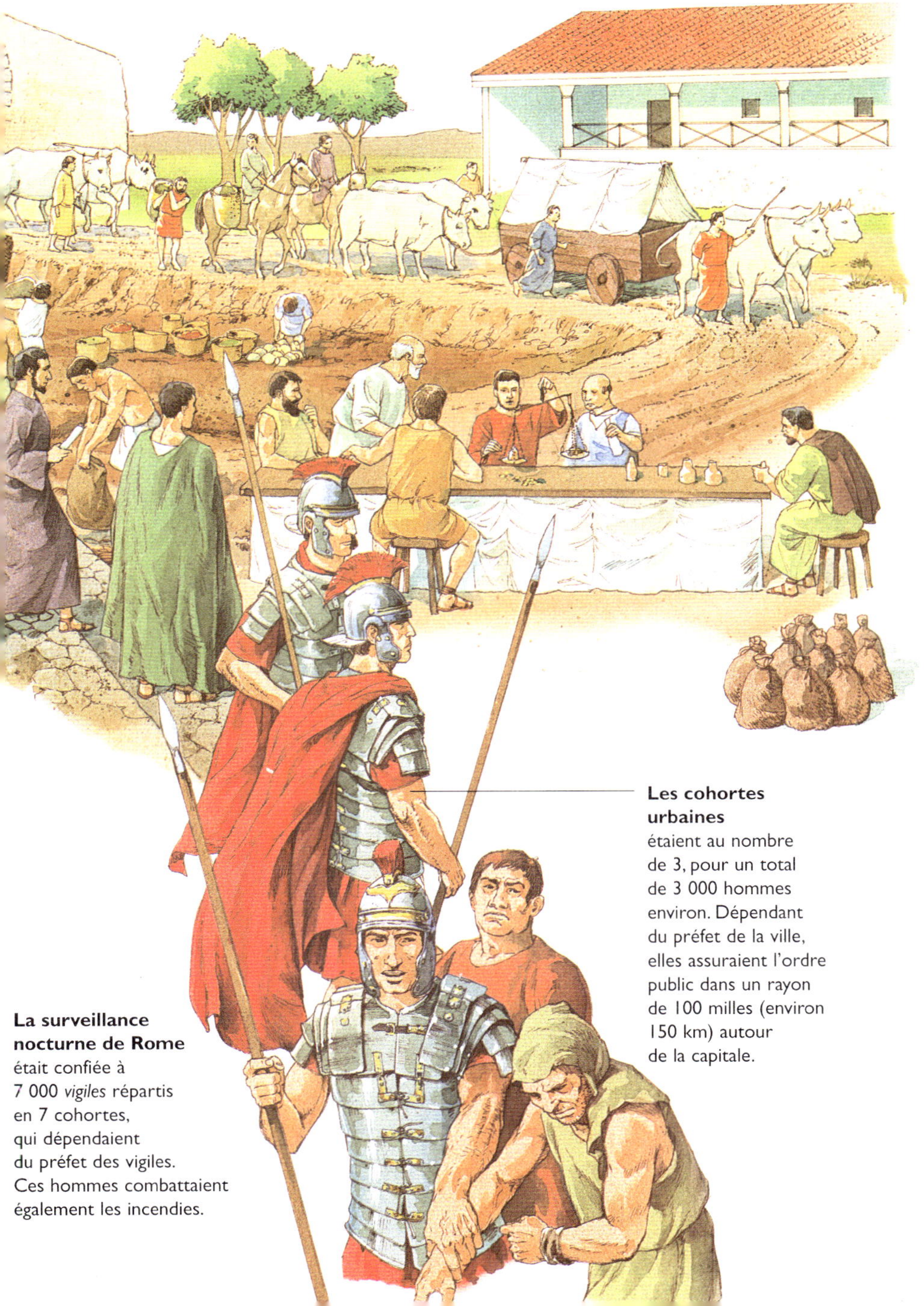

Les cohortes urbaines
étaient au nombre de 3, pour un total de 3 000 hommes environ. Dépendant du préfet de la ville, elles assuraient l'ordre public dans un rayon de 100 milles (environ 150 km) autour de la capitale.

La surveillance nocturne de Rome
était confiée à 7 000 *vigiles* répartis en 7 cohortes, qui dépendaient du préfet des vigiles. Ces hommes combattaient également les incendies.

Pour améliorer l'administration de l'immense empire, Auguste entreprit de vastes réformes.

L'Italie péninsulaire fut divisée en onze régions gouvernées chacune par un magistrat ; les provinces furent réparties entre provinces sénatoriales et provinces impériales. Les premières étaient les plus tranquilles et ne nécessitaient pas la présence de l'armée : les sénateurs qui en avaient la charge ne détenaient aucun pouvoir militaire. Dans les provinces impériales, plus turbulentes, il était en revanche nécessaire de maintenir des légions, qui devaient être commandées par des militaires aguerris : elles étaient donc sous le commandement direct de l'empereur, chef de guerre, qui les gouvernait à travers ses hommes de confiance, légats ou préfets, exerçant en son nom les pouvoirs civils, judiciaires et militaires.

Les principaux postes de l'administration de l'Empire étaient donc réservés aux hommes des classes sociales les plus élevées, c'est-à-dire de l'ordre sénatorial ou de l'ordre équestre. En revanche, la gestion des simples communautés citadines fut confiée aux élites locales, réunies dans l'ordre des décurions.

Auguste réforma également l'armée : il institua une armée de métier permanente de 350 000 à 400 000 hommes. Le service militaire devint une carrière, à laquelle on accédait par le volontariat, et qui durait de nombreuses années. Pour la garde personnelle de l'empereur et de sa famille fut créé un corps de 9 cohortes prétoriennes.

L'Empire

Le domaine sous autorité romaine s'étendait de l'Occident à l'Orient, incluant des pays très divers dont les historiens estiment

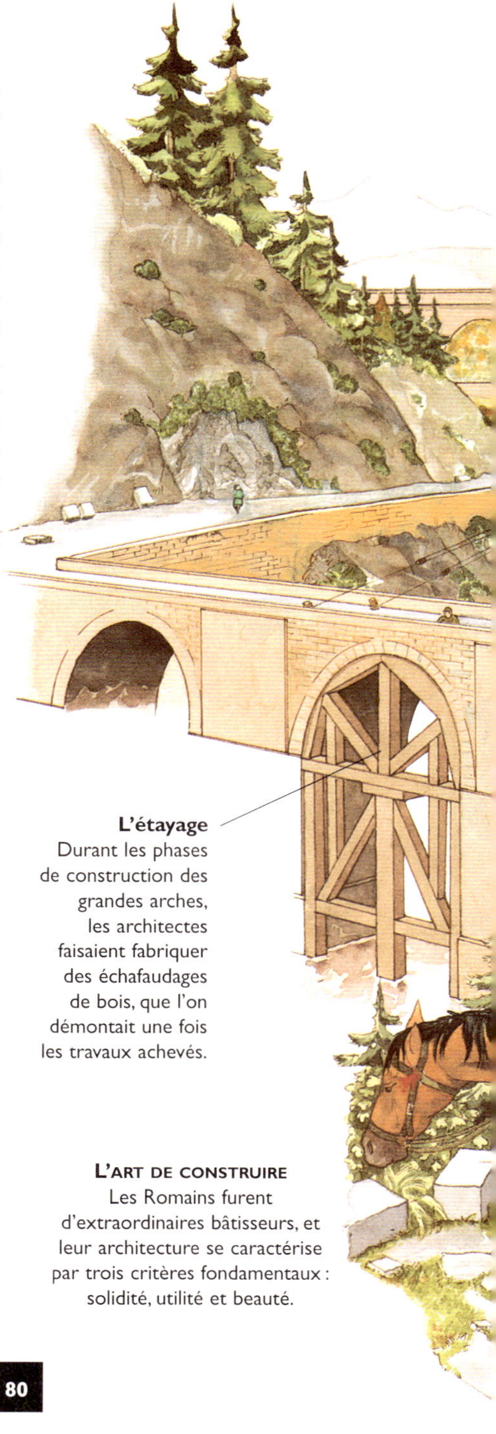

L'étayage
Durant les phases de construction des grandes arches, les architectes faisaient fabriquer des échafaudages de bois, que l'on démontait une fois les travaux achevés.

L'art de construire
Les Romains furent d'extraordinaires bâtisseurs, et leur architecture se caractérise par trois critères fondamentaux : solidité, utilité et beauté.

Des aqueducs furent construits dans tout l'Empire. Franchissant les montagnes par des tunnels et les vallées par des ponts aux dimensions colossales, ils approvisionnaient les cités en eau potable puisée à des sources souvent distantes de plusieurs dizaines de kilomètres. Au Ier siècle, Rome en comptait 9, et 11 au Ve siècle. Les vestiges du pont du Gard en France, des aqueducs de Ségovie, de Mérida et de Tarragone en Espagne, de Constantine en Algérie attestent de la beauté et de la solidité de ces ouvrages d'art.

Le ciment La découverte du mortier de chaux, un conglomérat que l'on a appelé « béton romain », fut fondamentale, car elle a permis aux architectes des audaces, en particulier dans la construction des arches, qui n'étaient pas envisageables avec la pierre ou la brique.

La coupole devint, grâce à l'usage du ciment qui se substituait à la brique et à la pierre, un élément essentiel de l'architecture impériale. De vastes et grandioses coupoles furent édifiées à Rome et dans d'autres cités de l'Empire. Ci-contre, l'intérieur du Panthéon, à Rome.

Le théâtre de Marcellus se dressait sur le Champ de Mars, entre le Capitole et le Tibre. Commencé par César, il fut terminé en 13 apr. J.-C., sous Auguste, qui le dédia à la mémoire de son neveu Marcellus, mort dix ans auparavant.

Les masques couvraient entièrement le visage des acteurs. À la hauteur de la bouche, une ouverture en forme d'entonnoir amplifiait la sonorité de la voix. Leurs formes et expressions variaient en fonction des personnages interprétés.

La scène, de 37 m de diamètre, était décorée de grandes colonnes et de statues.

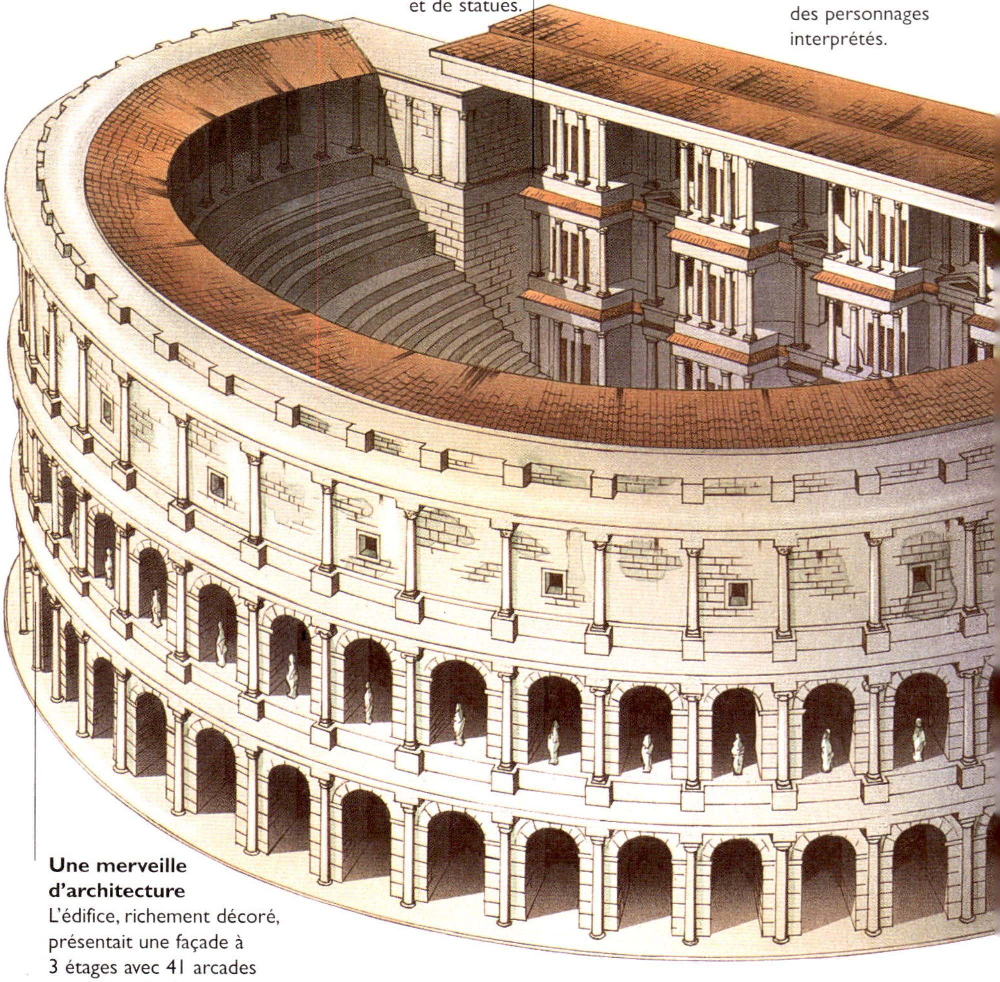

Une merveille d'architecture
L'édifice, richement décoré, présentait une façade à 3 étages avec 41 arcades entourées de demi-colonnes.

Musiciens ambulants sur une mosaïque de Pompéi.

Plaute
Né vers 250 av. J.-C., Titus Marcius Plautus est un des plus grands auteurs de comédie latins. Ses œuvres gaies et divertissantes fonctionnent sur l'équivoque et la substitution d'identité.

Les acteurs étaient nommés histrions, c'est-à-dire mimes.

Cet édifice imposant, d'un diamètre de 130 m et d'une hauteur de 32 m, pouvait accueillir 20 000 spectateurs.

la population entre 50 et 80 millions de personnes. L'empereur Auguste réorganisa toute cette immensité, dont l'unité était assurée grâce à la puissance de l'armée et à l'efficacité de l'administration, fondée sur une étroite collaboration entre peuples soumis et Romains.

Les provinces constituaient la grande richesse de l'Empire. À la différence de ce qui avait prévalu avant le principat, quand les vastes terres conquises étaient considérées surtout comme un domaine à exploiter, dont les puissants sénateurs romains pouvaient retirer des bénéfices personnels, l'intérêt supérieur de l'État s'imposa.

Avec Auguste apparut de fait une monarchie impériale avec intégration des provinces et de leurs habitants dans le système social et économique de l'Empire, et le modèle romain fut transmis aux populations de la majeure partie des provinces.

L'Empire avait vocation universelle : tout était mis en œuvre pour son expansion continue vers les confins du monde connu, en tout cas jusqu'à des limites naturelles géographiquement repérées, que l'on pouvait rendre durablement sûres et défendre militairement.

Quand le relief ne fournissait pas une barrière suffisante (en Germanie, en Syrie et en [Grande-]Bretagne notamment), on renforçait la frontière avec des ouvrages militaires formant le *limes*.

Auguste s'attacha également à éliminer les foyers de résistance qui subsistaient au cœur de l'Empire, comme en Espagne, et à soumettre les poches alpines qui échappaient encore à l'autorité de Rome.

Après l'échec de la conquête de la Germanie, le *limes* fut fixé sur les rives du Rhin et du Danube.

L'économie du principat

Avec Auguste commença le long âge d'or de Rome. Paix, puissance, splendeur culturelle et prospérité économique définissent l'époque d'Auguste et des deux siècles suivants du principat. En fait, le passage de la république au principat n'a pas engendré de changement fondamental ni dans le système social, fondé sur les ordres et les classes, ni dans le système économique, articulé sur la prééminence de l'agriculture.

La majeure partie de la population – on peut dire à 90 % – était occupée aux travaux agricoles. Aucune des mille cités de l'Empire ne comptait une population supérieure à 10 000 ou 15 000 habitants. Néanmoins, dans les provinces septentrionales, les ressources alimentaires issues de la terre étaient insuffisantes pour subvenir aux besoins. Leur approvisionnement en grain devint bientôt étroitement dépendant de l'Égypte et des autres régions fertiles du Sud.

Les thermes, essentiels dans la vie des Romains de toutes catégories sociales, étaient à la fois des bains publics, un lieu de rencontre où l'on discutait et traitait des affaires et des centres sportifs. On pouvait y pratiquer le pugilat, le saut, le lancer du disque et un jeu qui ressemblait à notre basket-ball.

Le *frigidarium* était un bain froid destiné à raffermir le corps.

Dans un grand bassin, sorte de piscine, on pouvait s'ébattre et nager.

La division sociale entre classes supérieures et inférieures était très nette : les premières – sénateurs, chevaliers et décurions des villes impériales – ne comptaient pas plus de 200 000 personnes, soit environ 1 % de la population. Les classes inférieures étaient composées de groupes divers répartis un peu dans la population urbaine et surtout dans le monde rural.

Le groupe le plus important, et essentiel au point de vue économique, était formé par les esclaves, malgré la réduction de leur

Les fresques décoraient les édifices publics et les demeures patriciennes.

Ci-dessus, détail de la décoration murale de la maison de Livie, à Rome (fin du IIe siècle).

Le *tepidarium* était une pièce tiède qui permettait une transition entre *caldarium* et *frigidarium*.

Le *caldarium*, ou bain chaud, était parfois assorti d'une étuve sèche et d'une salle de sudation.

recrutement après la fin des guerres de conquête : en Italie, sur 7 millions d'habitants, on comptait 3 millions d'esclaves.

La Rome d'Auguste

Rome se transforma de cité conquérante en capitale d'un empire. Elle apparaissait aux yeux des visiteurs comme splendide mais surpeuplée, avec 1 million d'habitants. On comptait 37 portes dans ses murailles, 7 ponts sur le Tibre, 18 aqueducs, 400 temples, 147 000 maisons, 2 000 immeubles de rapport, un grand nombre de places et 31 routes militaires qui partaient du forum. Au centre se trouvaient les édifices publics et le Forum. Sur les collines – surtout l'Aventin et le Quirinal – résidaient les nobles et les riches, tandis que dans les quartiers populaires du Subure et du Vélabre s'entassait la plèbe.

Les habitations populaires – les *insulae* – étaient des immeubles de plusieurs étages qui se dressaient le long d'un réseau inextricable de ruelles étroites et malodorantes. Rome s'était développée trop vite et de manière anarchique ; aussi fallut-il intervenir pour rationaliser l'expansion des quartiers résidentiels, moderniser l'habitat collectif et faciliter les communications entre les quartiers.

Sous Auguste, Rome devint un immense chantier. Selon une formule célèbre : il trouva une cité de brique et laissa une cité de marbre. Il se consacra à mettre de l'ordre et à rationaliser l'entrelacs urbain, tout en privilégiant l'embellissement de la cité par la construction d'immeubles, de monuments, de thermes, de théâtres… Il dota la capitale d'un nouveau et vaste forum (102 mètres de côté), espace ouvert entouré d'une colonnade qui constitue le

Le forum d'Auguste, inauguré en 2 av. J.-C., fut construit à la place d'un vaste quartier résidentiel acheté par l'empereur grâce aux richesses acquises lors de ses victorieuses campagnes militaires.

Le plan du forum
de forme rectangulaire de 110 m sur 83, bordé de portiques et colonnades, reprenait fidèlement le modèle du forum de César (46 av. J.-C.), que l'on retrouvera dans les forums de Vespasien, en 75 de notre ère, et de Nerva, en 97.

Mars, le dieu de la Guerre
célébré par Auguste comme père de Romulus, le fondateur de Rome, se vit ériger dans l'enceinte du forum un temple dédié à Mars Ultor (le Vengeur), pour commémorer la mort de Jules César.

La place
était bordée sur ses deux plus longs côtés par un portique à colonnes qui aboutissait au grandiose temple de Mars Ultor.

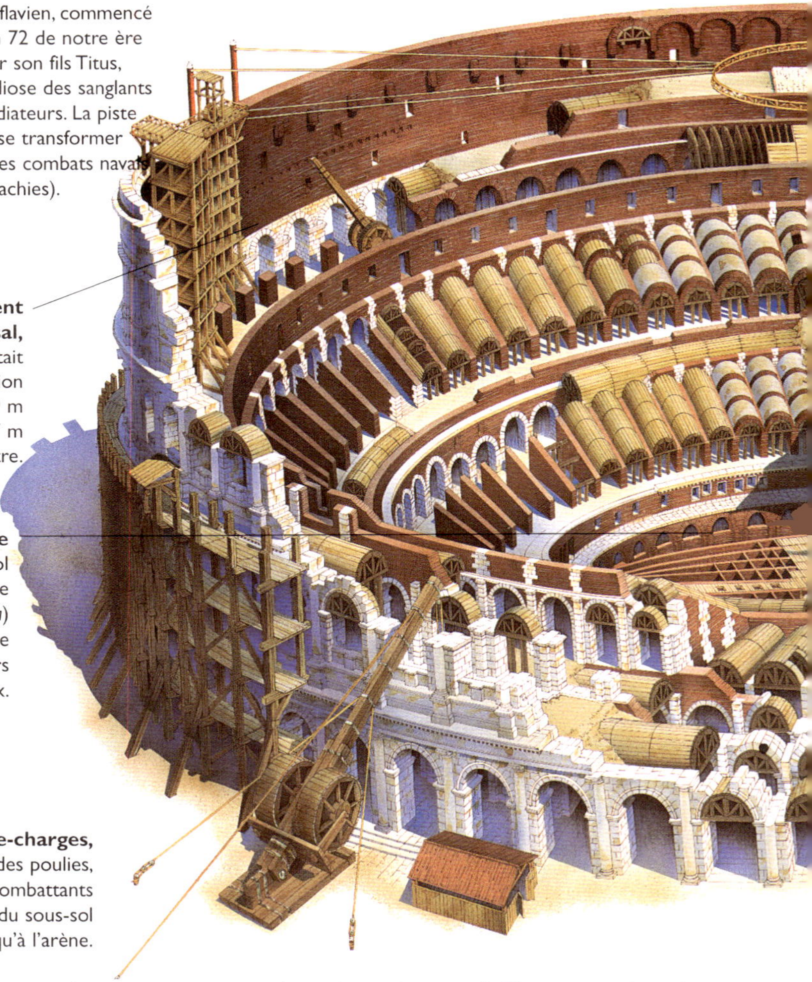

Le Colisée,
ou amphithéâtre flavien, commencé par Vespasien en 72 de notre ère et terminé par son fils Titus, fut la scène grandiose des sanglants combats de gladiateurs. La piste pouvait aussi se transformer en bassin pour des combats navals (naumachies).

Véritablement colossal,
l'amphithéâtre était une construction ovale de 49 m de haut et de 537 m de périmètre.

L'arène
était formée d'un sol de bois recouvert de sable (en latin *arena*) destiné à absorber le sang des gladiateurs et des animaux.

Des monte-charges,
actionnés par des poulies, hissaient les combattants et les fauves du sous-sol jusqu'à l'arène.

cœur et le centre animé de toute cité romaine digne de ce nom.

Auguste fut également le promoteur de la culture de son temps, caractérisée par une incroyable vivacité dans tous les domaines. La littérature atteignit des sommets avec des auteurs comme Horace, Virgile, Ovide et Tite-Live. Les arts plastiques, la sculpture s'affirmèrent dans le registre du beau et du raffiné. Même la philosophie connut une période de grandeur due au grand nombre de cercles intellectuels qui fleurirent alors et où les Romains lettrés se rencontraient pour converser, disputer et commenter les faits, les événements et les questions d'ordre culturel qui agitaient la cité.

Le *velarium,* ou toile,
accroché à des mâts au sommet du Colisée, protégeait les 50 000 spectateurs des ardeurs du soleil.

Les souterrains
du Colisée formaient un véritable dédale de cages, de galeries, de salles pour les gladiateurs : esclaves, prisonniers, condamnés de droit commun ou volontaires rémunérés.

Vespasien
Cette statue réalisée en 75 apr. J.-C. et conservée au musée des Thermes, à Rome, donne un portrait saisissant de réalisme de Titus Flavius Sabinus Vespasianus, fondateur de la dynastie des Flaviens, grand soldat et administrateur économe qui fit beaucoup pour l'urbanisme de Rome.

Vicissitudes impériales

Auguste mourut en 14 de notre ère. Son œuvre de réorganisation avait certes jeté les bases de l'Empire, mais il restait encore beaucoup à faire. S'ouvrit alors une période de vicissitudes sous le règne de ses quatre premiers successeurs – Tibère, Caligula, Claude et Néron –, c'est-à-dire la dynastie julio-claudienne.

La situation de l'Empire était extrêmement complexe, notamment du fait que le pouvoir était aux mains, outre de l'empereur, de trois autres puissances : le Sénat – qui n'avait pas renoncé à ses prérogatives –, les prétoriens, les gardes du corps du prince, sans cesse plus forts et plus exigeants, et enfin les chefs des légions disséminées dans l'Empire mais très attentifs à

l'évolution de la situation dans la capitale. En arrière-plan, le petit peuple de Rome, une masse d'humbles et de déshérités qui n'avait pour seule raison de vivre que de trouver les moyens de survivre.

Auguste avait su tenir en main les rênes de ces multiples centres de pouvoir. En revanche, la personnalité de ses successeurs ne fut pas à la hauteur.

L'extravagant Caligula, fils d'Agrippine, qui succède à Tibère en 37, non seulement se révèle incapable, mais oriente son gouvernement vers la tyrannie, ce qui entraîne sa perte : les prétoriens, soutenus par le Sénat, l'assassinent en 41 et mettent à sa place un vieillard, son oncle Claude, époux de Messaline puis d'Agrippine la Jeune.

À la mort de Claude, en 54, son fils adoptif Néron lui succède ; conseillé par Sénèque, il semble d'abord vouloir collaborer avec le Sénat mais fait bientôt alliance contre lui avec le peuple. Despote sanglant, déséquilibré mental, persécuteur des chrétiens sur qui il fait porter la responsabilité de l'incendie qui ravage Rome en 64, Néron fait l'unanimité contre lui. Malgré des victoires aux frontières (en Bretagne, la grande reine des Icènes, Boadicée /Boudicca, est défaite en 60), les complots de l'aristocratie et les révoltes des légions se multiplient, la Gaule s'insurge, Galba est proclamé empereur, Néron doit s'enfuir et se suicide. La lutte pour le pouvoir mobilise alors le Sénat, les prétoriens et les commandants d'armées. En 69, les légions d'Orient élisent Vespasien, que rien ne destinait à être empereur, mais qui se révèle bientôt un monarque absolutiste efficace dans la réorganisation de l'Empire.

Les révoltes en Judée, ou Palestine
Les juifs étaient constamment en révolte contre Rome, car leur religion refusait les cultes païens. En 66, une insurrection entraîna le massacre de la garnison romaine. Après un siège de cinq mois, en septembre 70, Titus prit Jérusalem, qui fut incendiée et rasée. Reprise par les juifs en 132 (révolte de Bar Cocheba), elle fut à nouveau soumise par Hadrien en 135.

La Diaspora
(dispersion des juifs dans le monde), commencée au VIIIe siècle avant notre ère, se poursuivit sous l'Empire. Après la chute de Jérusalem, le rabbin Ben Zakkai fut néanmoins autorisé à y ouvrir une école hébraïque qui, comme bien d'autres, permit de maintenir vivante la tradition religieuse et culturelle.

Le mur des Lamentations,
à Jérusalem. Ce vestige du temple d'Hérode est un lieu traditionnel de prière pour les juifs qui y pleurent la ruine du Temple et la dispersion de leur peuple.

Le Temple de Jérusalem,
reconstruit deux fois sur les ruines du temple de Salomon (détruit par Nabuchodonosor), était le principal sanctuaire des Hébreux : il contenait l'Arche d'alliance et les Tables de la loi.

La colonne Trajane, inaugurée en 113 apr. J.-C., est formée de blocs circulaires en marbre de Carrare sur lesquels s'enroulent 200 m de bas-reliefs peuplés de 2 500 personnages. Elle célèbre les victoires de Trajan sur les Daces et constitue un incomparable témoignage visuel sur l'armement et la vie des légions romaines.

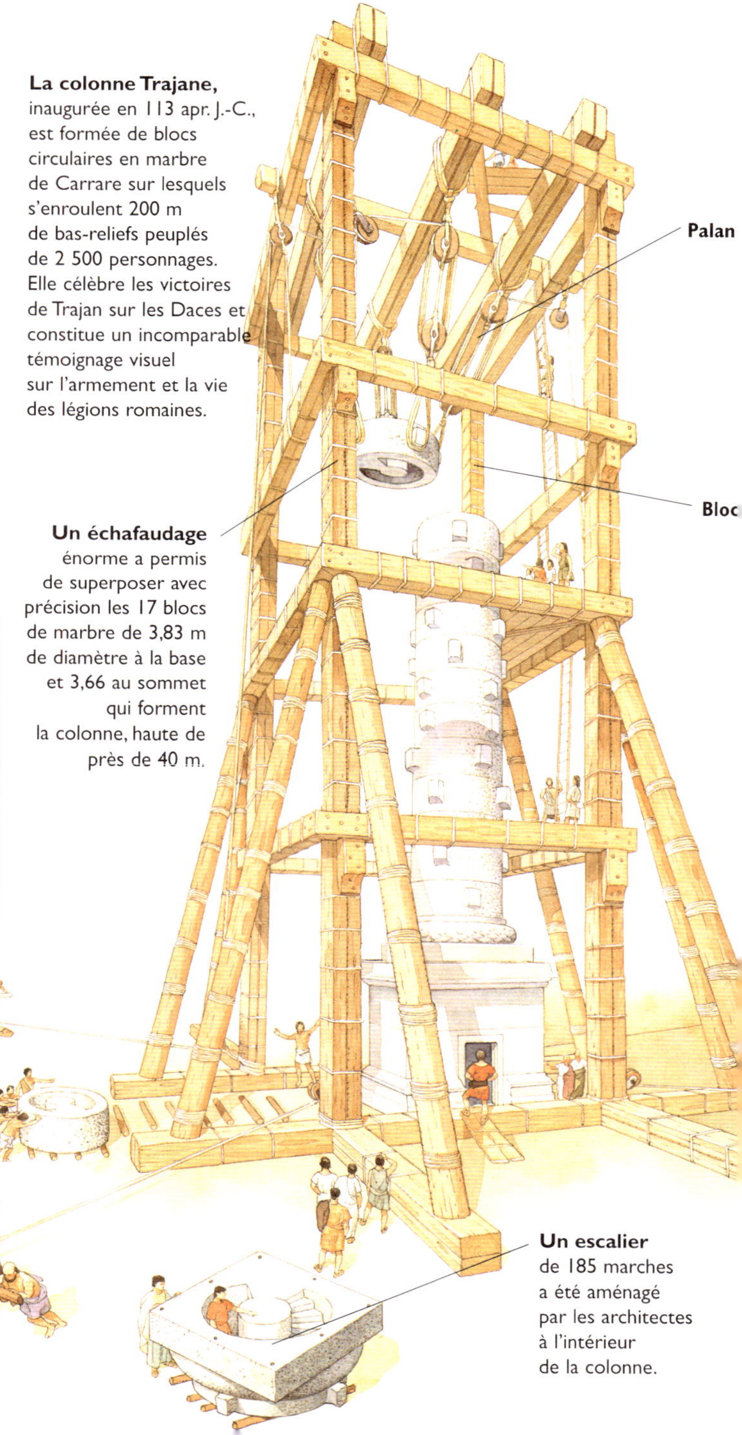

Un échafaudage énorme a permis de superposer avec précision les 17 blocs de marbre de 3,83 m de diamètre à la base et 3,66 au sommet qui forment la colonne, haute de près de 40 m.

Un escalier de 185 marches a été aménagé par les architectes à l'intérieur de la colonne.

Les pouvoirs impériaux

D'emblée, Vespasien (69-79), fondateur de la dynastie des Flaviens, se fixe comme tâche prioritaire de renforcer son propre pouvoir. Il promulgue une loi qui lui confère officiellement et définitivement la puissance souveraine, et fixe ses rapports avec le Sénat et l'armée, qu'il met au pas.

Ses talents d'administrateur se donnent libre cours pour renflouer les finances de l'État, dont les caisses sont vides à la suite des dépenses somptuaires de ses prédécesseurs. Il crée des impôts nouveaux et réduit les frais inutiles.

Il étend le droit de cité romain à toute l'Espagne et fait entrer au Sénat nombre de ses citoyens, brisant ainsi les querelles et les conflits d'intérêts des vieilles familles sénatoriales romaines. Il charge son fils Titus de soumettre la Judée, et le Temple de Jérusalem est détruit en 70. La même année, la révolte de Civilis, en Gaule, est réprimée, tandis qu'Agricola renforce la conquête en Bretagne.

Par droit héréditaire, Titus succède à son père en 79. Il poursuit son œuvre, gouverne avec sagesse et devient très populaire, malgré les malheurs (éruption du Vésuve en 79, peste et incendie à Rome en 80) qui frappent l'Italie. En 81, son frère Domitien accède au trône. Il se montre quant à lui si cruel, si despotique qu'il fait l'unanimité du Sénat et du peuple contre lui et meurt assassiné lors d'une conjuration en 96. Avec lui prend fin – provisoirement – le droit de succession héréditaire : le Sénat choisit le sage et modéré Nerva (96-98), qui à son tour fonde une dynastie en désignant comme successeur son fils adoptif, Trajan.

La colonne Trajane, comme bien d'autres édifices de prestige, était destinée à célébrer les victoires de l'empereur et à souligner aux yeux de tous la gloire de Rome.

Un légionnaire conduit un taureau destiné à être immolé en sacrifice.

Trajan offre un sacrifice aux dieux. Sur l'autel brûlent des offrandes.

Le pont sur le Danube a été construit en 104, en bois sur des piliers de pierre.

Un treuil horizontal permettait aux ouvriers d'actionner le palan depuis le sol.

Trajan, premier empereur provincial

Né en Espagne, Trajan devient empereur en 98. Il est le premier provincial qui accède au sommet de l'État.

Peu de souverains feront preuve sur tous les fronts d'autant d'intelligence et de sagesse : il se montre fin politique, respectueux du Sénat, et poursuit la politique de Nerva en faveur des déshérités ; il donne une formidable impulsion tant au commerce qu'à l'industrie, enrichit Rome de belles constructions, assainit les marais Pontins infestés par la malaria, prolonge la via Appia jusqu'à Brindisi, combat en grand stratège les Daces et les Parthes, renforce si bien les frontières de l'Empire que sous son règne celui-ci atteint son expansion maximale…

C'est un grand empereur qui marque son époque par la splendeur d'une culture qui s'épanouit dans tous les domaines grâce à l'esprit de liberté et de tolérance qu'il a su imposer.

L'ascension des provinciaux

Trajan a porté Rome à son apogée territoriale. Le rêve d'Alexandre, repris par César et par Auguste, semble réalisé : des coutumes et des lois communes unissent l'Occident et l'Orient sous un même joug.

Néanmoins, le délicat problème de la citoyenneté romaine subsiste : les peuples soumis ne se contentent plus d'un rôle de spectateurs ; ils revendiquent l'égalité des droits.

Trajan, le premier empereur provincial, ouvre la voie de l'accès massif des provinciaux aux charges de fonctionnaires et de magistrats, et même au trône. Les citoyens de tout l'Empire prennent conscience qu'à partir du moment où ils le célèbrent et le

L'Empire romain

L'Empire atteignit son expansion maximale avec Trajan : de l'Angleterre à l'Afrique du Nord, de l'Espagne à la Syrie, 100 millions de personnes étaient sous la domination de Rome.

Vers l'Afrique Une des routes principales partant de Rome longeait la côte méditerranéenne jusqu'au nord de l'Afrique.

Les frontières étaient gardées par des troupes auxiliaires, qui avaient pour mission de contrôler les mouvements des tribus non asservies et de repousser les attaque inopinées. Les légions résidaient dans l'arrière-pays, prêtes à intervenir en cas de nécessité.

Frontières à risques
En Occident, les frontières les plus exposées aux invasions des tribus venant du Nord étaient celles du Danube et de la Bretagne *(Britannia)*.

Les villes
Les Romains estimaient que les villes étaient les centres de transmission de la civilisation : partout dans l'Empire, ils fondèrent des villes, reconstruisirent à leur manière les cités existantes, bâtirent maisons, temples et édifices publics.

La frontière africaine, protégée au sud par le désert et les montagnes, était la plus facile à défendre.

Le réseau routier était immense : il reliait les villes entre elles et toutes avec Rome.

Péril d'Orient
Le plus grand danger en Orient était représenté par les Parthes.

respectent, le pouvoir leur est accessible. Ainsi, dans le même temps où Rome renforçait son emprise sur ses immenses territoires et développait sa civilisation, elle faisait naître chez les peuples conquis la conscience de leur propre valeur, surtout dans cet Orient qui n'avait pas oublié son passé glorieux ni son antique culture.

Hadrien, l'empereur architecte

Le successeur et fils adoptif de Trajan, Hadrien (117-138), était également originaire d'Espagne. Il a laissé le souvenir d'un intellectuel épris de culture hellénistique et d'un souverain soucieux de pacification. Face aux difficultés sur les frontières, il choisit de consolider plutôt que d'agrandir l'Empire au prix de guerres meurtrières, et

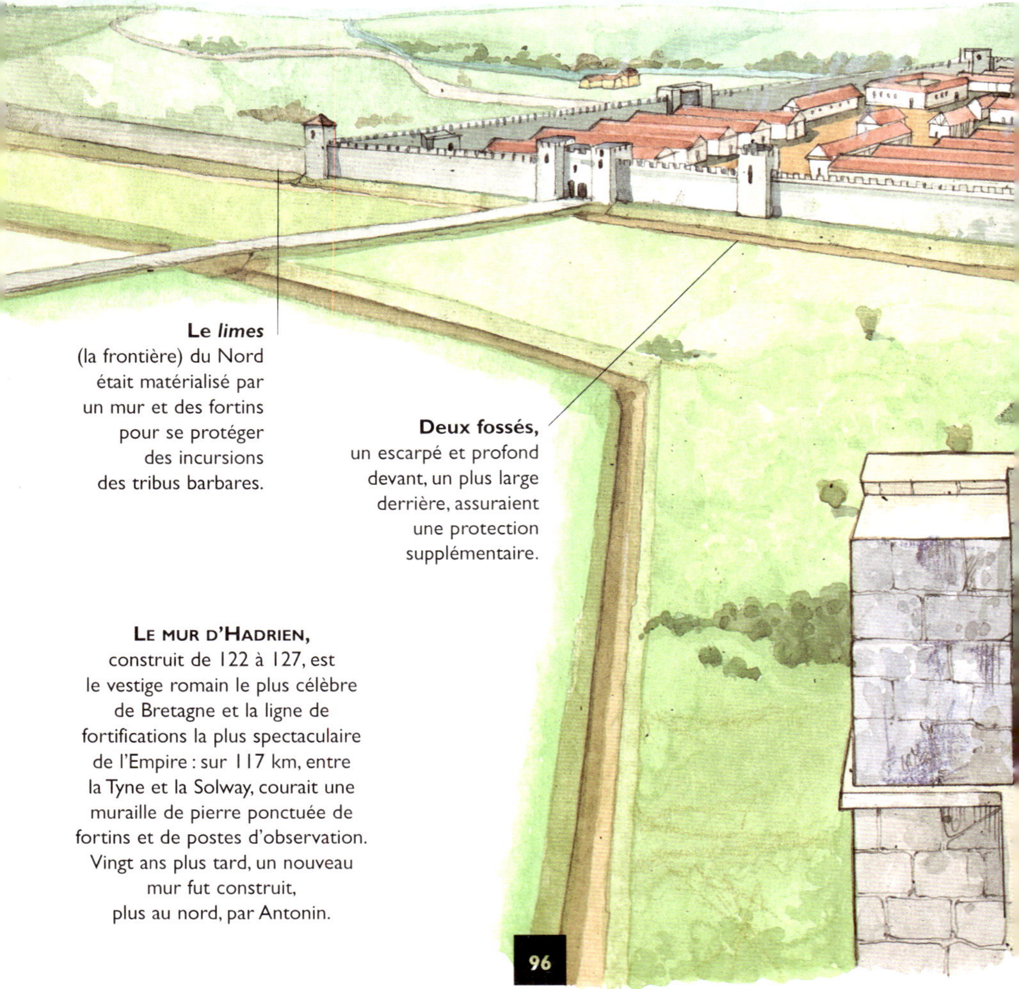

Le *limes* (la frontière) du Nord était matérialisé par un mur et des fortins pour se protéger des incursions des tribus barbares.

Deux fossés, un escarpé et profond devant, un plus large derrière, assuraient une protection supplémentaire.

Le mur d'Hadrien, construit de 122 à 127, est le vestige romain le plus célèbre de Bretagne et la ligne de fortifications la plus spectaculaire de l'Empire : sur 117 km, entre la Tyne et la Solway, courait une muraille de pierre ponctuée de fortins et de postes d'observation. Vingt ans plus tard, un nouveau mur fut construit, plus au nord, par Antonin.

renonce même à l'Arménie, à la Mésopotamie et à l'Assyrie. Seule la Judée subit une répression violente, et les juifs perdirent leur terre en 135.

Hadrien voyagea beaucoup à travers l'Empire, curieux de toutes les cultures et surtout épris de l'art grec et hellénistique. Il forma si bien au contact de chefs-d'œuvre son goût architectural et artistique qu'il enrichit Rome et l'Empire de toutes sortes de constructions.

Il conçut les plans de la villa qui porte son nom (Villa Adriana), à Tivoli, près de Rome : un extraordinaire ensemble d'édifices qui comprenait un palais, des thermes, des théâtres, des bassins, des places, des terrasses, le tout au milieu d'un paysage de verdure enchanteur. Tandis qu'à Rome il

La vie sur le mur était très dure, surtout en hiver, pour les 11 000 soldats affectés à cette ligne de défense.

construisait son mausolée (aujourd'hui château Saint-Ange), le Panthéon, le temple de Vénus et de Rome, l'Athénée, il dota la ville d'Athènes d'une bibliothèque, d'un gymnase et d'une colonnade, et termina le temple de Zeus Olympien, commencé sept ans auparavant ! En effet, Hadrien était fort tolérant avec les religions, y compris le christianisme, pourvu qu'elles ne s'opposassent pas au pouvoir temporel romain.

Montrant la présence physique de l'empereur sur tout le territoire au cours de voyages incessants, il resserra les liens de loyauté des provinciaux envers le pouvoir central, diminua la pression fiscale, améliora la condition des esclaves, codifia le droit privé, nomma des juges itinérants chargés d'appliquer un droit uniforme, harmonisa les pouvoirs locaux, mit au pas le Sénat, contraint de respecter la suprématie de la souveraineté impériale.

Anubis, le dieu égyptien à tête de chacal, présidait à la vie en ce monde et dans l'au-delà.

LES CULTES ORIENTAUX se diffusèrent peu à peu dans l'Empire, où ils connurent un grand succès, car ils répondaient aux interrogations spirituelles des individus. Ils se superposèrent au panthéon traditionnel des Romains et modifièrent leurs rites et leurs cultes.

Antonin et Marc Aurèle

Les successeurs d'Hadrien, Antonin le Pieux (138-161) et Marc Aurèle (161-180), furent deux empereurs sages et justes.

D'une famille originaire de Gaule, adopté par Hadrien, Antonin fut surnommé « le Pieux » par le Sénat en raison de ses grandes vertus de tolérance et de son sens de la justice. Au contraire d'Hadrien, il laissa une grande autonomie au Sénat et ne bougea pas de Rome pour inspecter les provinces. Il fut néanmoins soucieux de poursuivre l'œuvre de consolidation du *limes* (avec la construction du mur qui porte son nom édifié entre le Forth et la Clyde, en Bretagne) dans un esprit de pacification. Son règne ne fut marqué d'aucune guerre importante, seulement par des accrochages ponctuels.

En revanche, Marc Aurèle, bien qu'amoureux de la paix, dut mener une longue série de combats sur tous les fronts. Après avoir

Le culte de Mithra
dieu du Soleil, est venu de Perse à Rome *via* l'Asie Mineure. Le sacrifice du taureau représente la victoire sur les forces des ténèbres. (Vatican.)

Le culte d'Isis et d'Osiris
(devenu à Rome Sérapis), venu d'Égypte, se répandit dans tout le bassin méditerranéen et atteignit Rome vers le Ier siècle av. J.-C.

L'immortalité
était promise par les religions orientales, comme plus tard par le christianisme. En Égypte, le mythe d'Osiris, mort et ressuscité, en est un symbole. Comme le mithraïsme, qui promet la résurrection des morts, ils furent vivement combattus par les chrétiens.

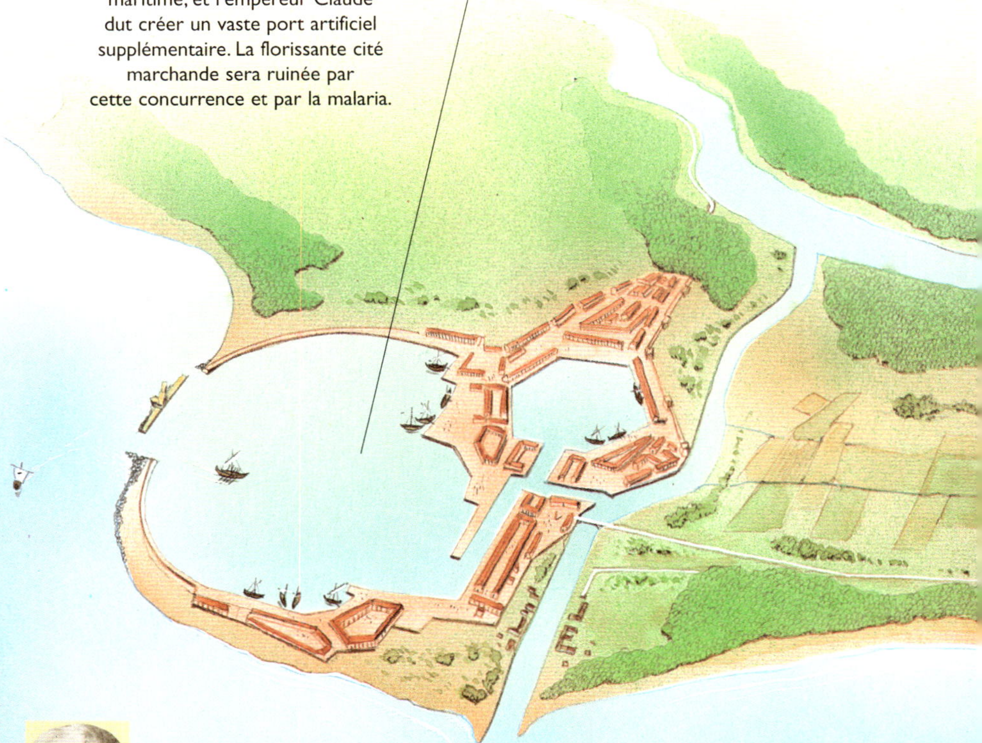

OSTIE,
fondée au Ve siècle, connut un essor rapide et, dès le IIe siècle avant notre ère, devint le grand port de Rome à l'embouchure du Tibre. Mais bientôt elle ne suffit plus à accueillir l'intense commerce maritime, et l'empereur Claude dut créer un vaste port artificiel supplémentaire. La florissante cité marchande sera ruinée par cette concurrence et par la malaria.

Le port de Rome, créé par Claude et agrandi par Trajan, accueillait du monde entier un énorme trafic de marchandises qui remontaient jusqu'à Rome en bateaux en suivant le cours du Tibre.

affronté les Parthes et reconquis la Mésopotamie, il dut combattre les Quades de Moravie et les Marcomans de Bohême. Ces guerres furent le point de départ des grandes luttes de l'Empire contre les hordes barbares qui, au cours des siècles suivants, aboutiront à la désintégration de l'État romain.

Marc Aurèle, tolérant et cultivé, adepte de la philosophie des stoïciens, a tant aimé cette discipline qu'il fut appelé l'empereur philosophe. Il fut très respectueux du Sénat, et sous son règne Rome connut une période de bien-être et de prospérité.

De fait, les soixante années qui vont d'Hadrien à Marc Aurèle furent les plus heureuses de l'histoire de la Rome antique : cette longue période de paix permit l'essor du commerce, la fondation et le développement de cités à l'urbanisme bien conçu et riches de monuments, le développement de l'artisanat et un grand élan culturel.

Le commerce
On peut encore voir à Ostie, qui fut une belle et riche cité, les vestiges des boutiques de commerçants, avec au sol leurs enseignes en mosaïque, qui attestent d'un négoce varié (esclaves, ambres, peaux, poisson, blé, or, ivoire...), provenant du monde entier.

Les importations étaient indispensables pour subvenir aux besoins de la cité de Rome, qui comptait environ 1 million d'habitants au IIe siècle.

Le niveau de vie dans les provinces, même les plus lointaines, augmenta jusqu'à atteindre celui de Rome, où chaque jour arrivaient des produits de tout l'Empire et où l'on proposait au peuple, régulièrement, « du pain et des jeux ».

La situation changea du tout au tout avec Commode, le fils de Marc Aurèle, qui régna de 180 à 192. Son époque fut tragiquement marquée par les désordres, la peste, les incendies et les guerres. Complètement fou (à la fin de sa vie, il obtint du Sénat d'être reconnu comme la réincarnation du dieu Hercule), Commode se montra si tyrannique, si cruel et si débauché que sa propre maîtresse le fit étrangler.

S'ouvrit alors une période d'anarchie où ce furent à nouveau les armées qui décidèrent de l'attribution du pouvoir impérial. C'est la résurgence de la suprématie de l'armée qui, avec le temps, commença à transformer la forme de gouvernement romain.

La longue décadence de l'Empire

Au IIIe siècle commence dans l'Empire une période d'anarchie militaire, d'invasions et de crises économiques. Après une phase de reprise, la partie orientale se sépare de l'Empire d'Occident, que jetteront à bas les invasions germaniques du Ve siècle.

Le droit de cité romain

L'Empire à son apogée portait déjà en lui les germes de la crise et de la décadence. Cela apparut clairement à la mort de Commode, en 192, lorsque chaque armée stationnée aux frontières se permit d'élire son propre empereur. En effet, depuis la réforme d'Hadrien, les troupes étaient essentiellement composées de provinciaux, et les divers corps d'armée, profondément liés à leur garnison, avaient perdu tout sens de l'unité de l'Empire. Parmi tous ces rivaux, c'est un général africain, Septime Sévère, qui s'imposa. N'accordant au Sénat qu'un respect de façade, il transforma l'Empire en monarchie absolue à dominante militaire et entreprit de renforcer d'urgence les frontières, dangereusement menacées par les Barbares. Il s'attacha également, en supprimant les privilèges des Italiques, à

LE MONDE CHANGE
Cette longue période de crise influe sur le mode de vie et sur l'art. En sculpture commencent à apparaître dans les portraits moins idéalisés des expressions qui révèlent l'angoisse, voire la douleur de vivre.

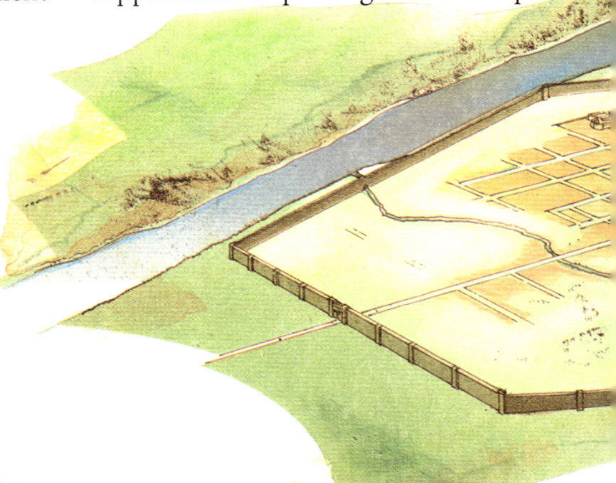

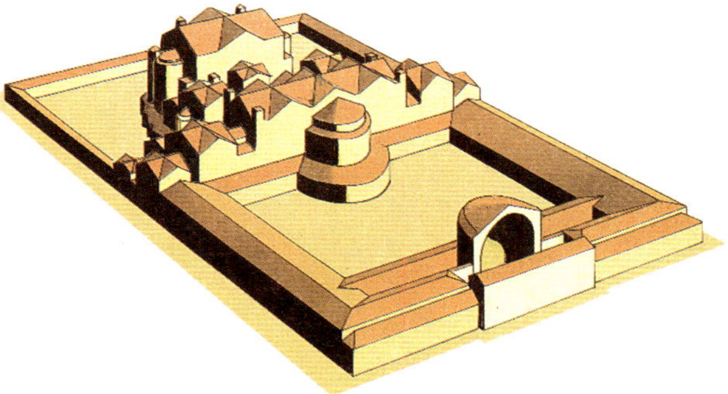

Les édifices publics construits par les Romains à Trèves (thermes, amphithéâtre, basilique...) étaient de dimensions imposantes. Le dessin ci-contre représente les thermes du IVe siècle.

rendre égales, d'un point de vue juridique, toutes les populations soumises au joug de Rome. Cette intelligente politique fut poursuivie par son fils Caracalla, qui, en 212, étendit le droit de cité romain à tous les provinciaux. La dynastie des Sévères se maintint sur le trône jusqu'en 235, date de l'assassinat d'Alexandre Sévère par des soldats. Suivit alors une période de cinquante ans d'anarchie militaire pendant laquelle se succédèrent 28 empereurs élus par les légions. Les derniers d'entre eux, originaires de Dalmatie, tentèrent de réagir à cette crise du régime. Aurélien (270-275), vainqueur des Goths, édifia autour de Rome une muraille dont on voit encore les vestiges.

La chute de l'Empire d'Occident

Au cours des deux premiers siècles de l'Empire, des sommes colossales furent dépen-

TRÈVES,
aujourd'hui située en Rhénanie-Palatinat, fut fondée par Auguste en 15 av. J.-C., sous le nom d'*Augusta Treverorum,* dans le pays des Trévires, un peuple barbare germano-celtique. Elle devint la capitale de la Belgique Ire, puis de tout le diocèse des Gaules.

Son site stratégique,
sur les rives de la Moselle, bien relié aux places fortes du Rhin, permit à Trèves de croître et prospérer. Au IIIe siècle, les empereurs d'Occident y résidèrent souvent, ce qui lui valut les surnoms de « seconde Rome », ou « Rome des Gaules ».

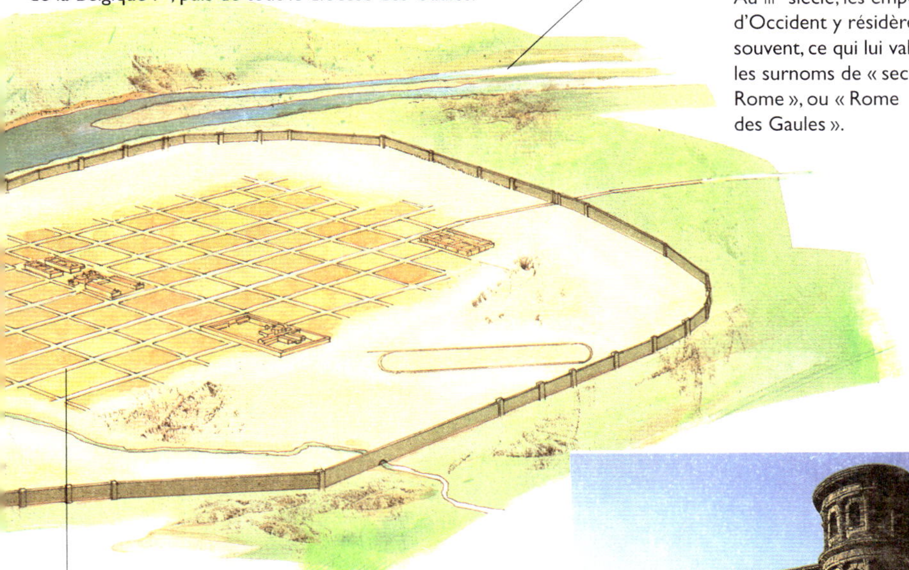

Le plan en damier
de Trèves est typique d'une cité romaine, où les rues se coupaient à angle droit.

La Porta nigra,
construite au IVe siècle, gardait l'entrée nord de la cité. Haute de 30 m, elle est formée de deux tours reliées par une triple galerie.

sées pour construire des édifices de prestige, non productifs, tels que temples, théâtres et amphithéâtres. Au IIIe siècle, l'Empire fut bouleversé par une crise profonde qui modifia toute la société. La pression des Barbares en Occident et celle des Parthes en Orient constituaient une menace permanente, et l'armée, devenue de plus en plus puissante et ambitieuse, absorbait la majeure partie des ressources de l'État, obligé en retour d'augmenter sans cesse les impôts. Les guerres ininterrompues et le poids croissant de la fiscalité accélérèrent le processus de faillite de l'Empire. L'agriculture, source principale de revenus, fut ruinée surtout par la diminution des forces vives du travail, les esclaves.

Un problème nouveau se posa alors : remplacer ces masses serviles par d'autres bras. Au système traditionnel des latifundiums, vastes domaines patriciens cultivés par des esclaves, se substitua peu à peu celui des colonies : on attribua des terres à des citoyens libres, à charge pour eux de les mettre en valeur. Cette innovation se développa lentement mais fut décisive pour le passage progressif de l'économie antique, fondée sur le recours aux esclaves, à celle du Moyen Âge occidental.

En même temps, l'ordre social de l'époque du principat se désagrégea. En effet, pendant les deux premiers siècles de l'Empire, les classes supérieures – l'ordre sénatorial, l'ordre équestre et celui des décurions – concentraient entre leurs mains la richesse et le pouvoir.

Au IIIe siècle, cette coïncidence entre fonctions et privilèges s'amenuisa. Certes, les membres de l'ordre sénatorial conservèrent leur richesse, mais avec de moins en moins de pouvoir. Simultanément s'accrut

ÉPHÈSE
fut une des plus importantes cités grecques d'Asie Mineure et, sous le Lydien Crésus, compta parmi les Sept Merveilles du monde. À la fin du IIe siècle, elle passa sous la domination des Romains, qui en firent la capitale de la province d'Asie.

La façade de la bibliothèque de Celsus, aujourd'hui restaurée, présente dans des niches des statues allégoriques de la Sagesse, de la Vertu, de l'Intelligence et de la Science.

La bibliothèque de Celsus fut construite de 110 à 135 de notre ère. Elle marque ici l'apogée de l'architecture romaine du IIe siècle.

La grande salle intérieure de la bibliothèque était haute de 16 m et large de 11. Le pavement et les murs, décorés de bas-reliefs, étaient entièrement revêtus de marbre.

12 000 parchemins ou *volumen*, constituaient le fonds de cette très riche bibliothèque. Chaque ouvrage, en forme de rouleau, était patiemment écrit à la main par un copiste sous la dictée d'un assistant ou en reproduisant un modèle original.

le pouvoir des militaires, qui s'organisèrent pratiquement en ordre. En fait, les grands empereurs soldats de la fin du IIIe siècle émergèrent en ces temps de crise grâce à la puissance accrue de l'appareil militaire.

Les véritables victimes de la crise furent les masses de statut inférieur, les *humiliares,* les humbles. À la misère et aux famines s'ajoutèrent de terribles épidémies qui affaiblirent les populations.

Aussi, comme il devenait de plus en plus difficile de trouver en quantité suffisante des citoyens romains valides à enrôler dans l'armée, on eut de plus en plus recours aux Barbares soumis sur les frontières, auxquels on concéda des terres en échange de leur engagement militaire pour assurer la défense de l'Empire.

L'agriculture, le commerce et l'artisanat devinrent florissants en Orient, où les vieilles et prospères cités d'Éphèse et d'Alexandrie s'étaient affirmées comme des centres culturels et économiques de première importance.

Dans ce contexte se développa le christianisme, qui au IIIe siècle connut une remarquable expansion.

L'Empire contre le christianisme

L'Empire, jusque-là tolérant à l'égard des religions étrangères, se mit alors à persécuter le christianisme, qui mettait en question son pouvoir. C'est surtout sous le règne de l'empereur Dioclétien (284-305) que s'instaurèrent la destruction systématique des lieux de culte, l'emprisonnement et l'exécution des fidèles de cette religion. Proclamé empereur par ses soldats, le général illyrien Dioclétien réussit, après des décennies d'anarchie et de troubles, à rétablir l'autorité du pouvoir central.

Des réunions pas si secrètes
L'idée reçue selon laquelle les premiers chrétiens se seraient cachés en masse dans les catacombes est infondée. Il aurait été en vérité impossible à tant de personnes de passer ainsi inaperçues.

Les catacombes étaient des cimetières souterrains destinés à recevoir les dépouilles des chrétiens et qui ont parfois servi de refuge au temps des persécutions. Les plus importantes se trouvaient à Rome, le long des principales routes. Des centaines de kilomètres de galeries, à plus de 10 m de profondeur, aux plafonds et aux murs souvent peints à fresque, témoignent de l'art paléochrétien, découvert au XVIe siècle, après l'abandon des catacombes pendant tout le Moyen Âge.

L'inhumation
Le corps, revêtu d'un linceul, était descendu dans les souterrains et, après une cérémonie funèbre, déposé dans une niche scellée par une dalle de pierre ou des tuiles.

Le mur d'Aurélien fut édifié autour de Rome en 271 apr. J.-C., à une époque d'instabilité politique. Après six siècles d'existence, la cité ne pouvait plus rester sans muraille protectrice.

Au-delà du Tibre se trouvait une seule des 14 régions administratives de Rome créées par Auguste et qui subsistèrent jusqu'à l'empereur Constantin.

Le centre monumental était immense : il s'étendait entre le Circus Maximus, le mont Palatin, le Colisée, les forums, le Capitole et le Champ de Mars.

Rome sous Constantin (IVe siècle)

Peu avant sa chute, Rome fut confrontée à de grandes difficultés dues au contraste entre les zones du pouvoir et de la fortune, riches de splendides édifices publics et religieux, les quartiers pauvres où sévissait la misère et les campagnes contraintes de subvenir aux besoins alimentaires d'une cité de plus en plus densément peuplée.

La superficie de Rome, incluse dans le mur d'Aurélien, couvrait 1 386 hectares, en majeure partie urbanisés : c'était la plus grande concentration de population du monde occidental, répartie dans 1 790 *domus* et 44 300 *insulae.*

La division en quartiers suivait une ligne radiale qui partait du Colisée.

Se rendant compte qu'il était pratiquement impossible de contrôler seul un aussi vaste territoire, Dioclétien subdivisa le commandement entre deux Augustes et deux Césars : ce fut le régime de la tétrarchie, qui, s'il résolut sur le moment le problème de l'administration de l'Empire, portait en germe le ferment de sa destruction.

Par ce biais, l'empereur parvint à assurer la défense des frontières et à réprimer les multiples révoltes qui surgissaient çà et là. En même temps, il réorganisa l'armée, renforça les pouvoirs de l'administration et du fisc, restaura l'autorité impériale en accroissant son aura religieuse de façon à impressionner les foules qui, surtout en Orient, étaient habituées à considérer le souverain comme une divinité.

C'est dans ce but qu'il multiplia les persécutions contre les chrétiens, lesquels, s'ils acceptaient l'autorité temporelle de l'empereur, refusaient de le vénérer à l'égal d'un dieu.

Resté au pouvoir plus de vingt ans, Dioclétien eut le temps de résoudre les problèmes les plus urgents, mais, par les solutions même qu'il adopta, il introduisit les ferments d'une future désagrégation de l'État : pouvoir excessif d'une classe de bureaucrates privilégiés, autonomie des diverses parties de l'Empire. Constantin, son successeur, en subit les conséquences.

Constantin

Porté au pouvoir en 312, Constantin révisa aussitôt la politique de Dioclétien envers les chrétiens : il leur accorda la liberté de culte (313, édit de Milan) et, conscient de la force de la nouvelle religion, à laquelle il s'était converti, il intégra l'Église au sein de l'organisation de l'État. L'unité du christia-

Le Colisée, par ses dimensions imposantes et sa magnifique décoration, était le site favori des triomphes impériaux. Il doit peut-être son nom (*Colosseo* en italien) à une statue colossale (du grec *kolossos*) de Néron qui se trouvait à son emplacement.

La population de Rome, au début du IVe siècle, comptait environ 1 million d'habitants. Son développement avait été favorisé par les réformes économiques de Dioclétien (284-305) et la pacification religieuse de Constantin.

nisme étant menacée par des querelles théologiques et des hérésies, tel l'arianisme, Constantin convoqua, en 325, le concile de Nicée, qui réunifia l'Église. Puis il abolit la tétrarchie, reprenant seul, aux dépens de Licinius, qui régnait en Orient, les rênes du pouvoir. Mais sa décision de transférer la capitale de l'Empire sur le Bosphore – Byzance, enrichie et agrandie, fut dénommée Constantinople – jeta les bases de la future scission entre Empire d'Occident et Empire d'Orient. Les conséquences en furent prodigieuses : le gouvernement de l'Empire adopta le rituel propre au monde hellénistique. Rome, où l'apôtre Pierre avait subi le martyre, ajouta ce prestige à sa gloire passée et devint le siège épiscopal le plus impor-

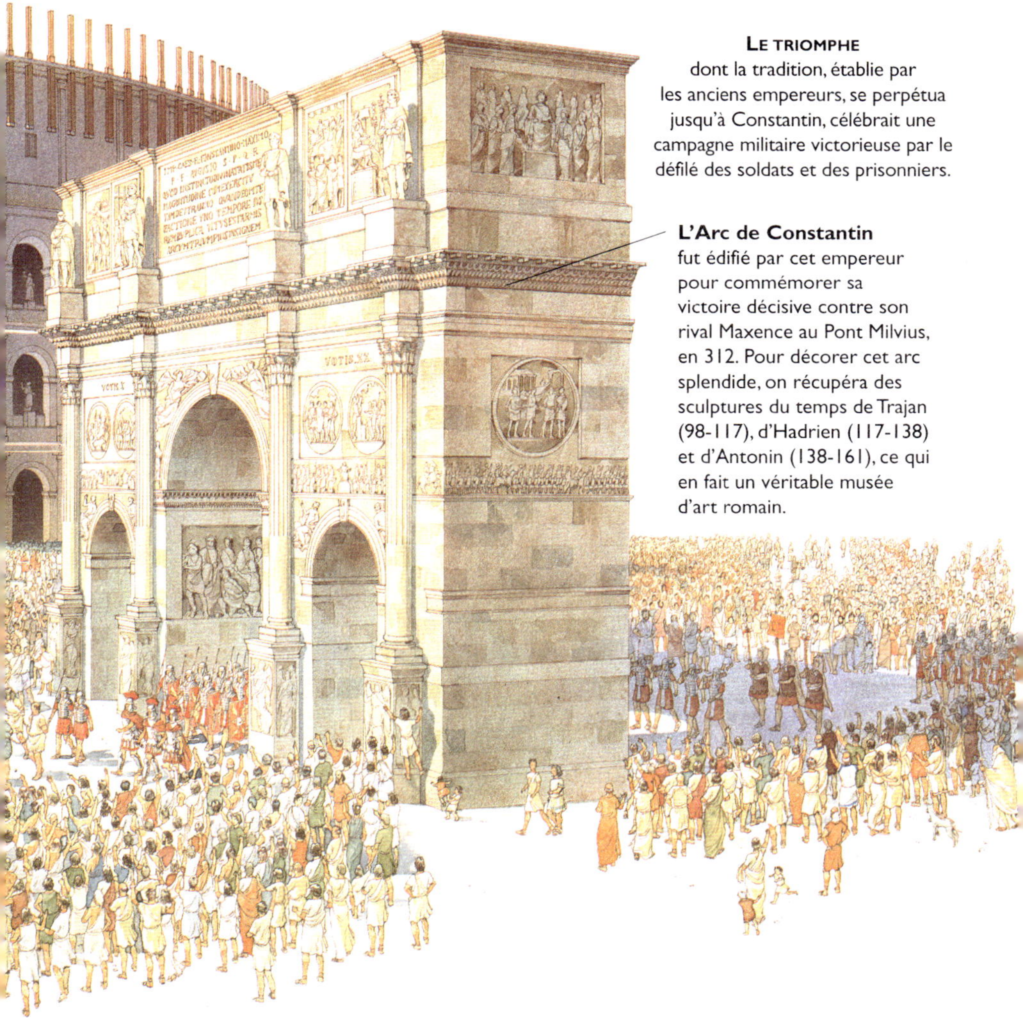

Le triomphe dont la tradition, établie par les anciens empereurs, se perpétua jusqu'à Constantin, célébrait une campagne militaire victorieuse par le défilé des soldats et des prisonniers.

L'Arc de Constantin fut édifié par cet empereur pour commémorer sa victoire décisive contre son rival Maxence au Pont Milvius, en 312. Pour décorer cet arc splendide, on récupéra des sculptures du temps de Trajan (98-117), d'Hadrien (117-138) et d'Antonin (138-161), ce qui en fait un véritable musée d'art romain.

tant de la chrétienté. Son évêque est aussi le pape, le souverain pontife de l'Église catholique romaine. À la mort de Constantin, en 337, l'unité de l'Empire n'était plus que formelle : la réalité du pouvoir se trouvait entre les mains d'une puissante bureaucratie, d'une oligarchie de propriétaires terriens, de chefs militaires souvent d'origine barbare et de quelques évêques chrétiens.

La division de l'Empire

Après Valens (364-378), adepte de l'arianisme, vaincu et tué par les Wisigoths, Théodose (379-395), commandant militaire d'origine espagnole, accéda au pouvoir suprême et rétablit l'autorité de l'Empire. Par l'édit de Thessalonique, en 380, il déclara le christianisme unique religion d'État et interdit le paganisme.

Sous son règne se déroula un épisode significatif, annonciateur des développements ultérieurs de l'histoire de l'Occident européen.

À Thessalonique – l'antique Salonique, en Macédoine –, afin de désamorcer une rébellion des Goths, Théodose ordonna de massacrer des émeutiers dont l'insurrection avait provoqué la mort d'un général barbare. L'évêque de Milan, Ambroise, n'hésita pas à excommunier l'empereur pour ce carnage, et Théodose dut faire pénitence. L'Église prouva à cette occasion qu'elle était devenue si puissante qu'elle imposait sa loi au sommet même de l'État.

À la mort de Théodose, en 395, face à la gravité de la situation, l'Empire fut partagé entre ses deux fils : l'Occident au plus jeune, Honorius, âgé de onze ans ; l'Orient à l'aîné, Arcadius. Ainsi fut consacrée une division lourde de conséquences. L'Empire d'Orient, solide et organisé, devait survivre encore mille ans, tandis que l'Empire d'Occident allait bientôt s'effondrer sous les coups des invasions barbares.

La chute de l'Empire d'Occident

Leur manière différente d'affronter la menace barbare scella le destin des deux Empires.

En Orient fut pratiquée une politique énergique d'exclusion des Barbares des postes clés de l'administration et de l'armée. De plus, sous le règne de Théodose II (408-450), Constantinople fut entourée d'une puissante muraille qui la mit pour des siècles à l'abri des attaques ennemies.

Au contraire, au Ve siècle, l'Occident fut la proie d'une paralysie irrémédiable. Son immense appareil bureaucratico-militaire fut mis en faillite par le tarissement des

CONSTANTINOPLE

La construction de la grande cité voulue par Constantin sur le site de Byzance dura à peine six ans (330-336), grâce aux moyens exceptionnels mis en œuvre, tant en architectes, entrepreneurs, artisans, artistes, ouvriers, qu'en matériaux venus de tout l'Orient et même d'Afrique. Dotée d'un Sénat et déclarée résidence d'un des deux consuls de l'Empire, elle fut divisée en 14 régions, comme Rome. Ses rues et ses édifices étaient richement décorés, et elle méritait bien son titre de Seconde Rome.

L'église, au plan presque carré, était surmontée d'une coupole allongée et de deux demi-coupoles latérales. De larges fenêtres laissaient entrer la lumière. Un somptueux revêtement de mosaïques polychromes décorait les murs.

Sainte-Sophie
fut construite de 532 à 537 sous Justinien, à l'emplacement d'un édifice du IVe siècle détruit par un incendie. Après la chute de Constantinople, en 1453, elle fut transformée en mosquée par les Turcs, qui la complétèrent de quatre minarets.

Une cité chrétienne
Le paganisme n'était pas toléré à Constantinople, qui comptait un grand nombre d'églises, parmi lesquelles celles dédiées à la Paix (Sainte-Irène) et à la Sagesse divine (Sainte-Sophie).

Les Germains
Sous ce nom, les Romains désignaient une multitude de peuples dits barbares fixés à l'est du Rhin et au nord du Danube, qui durent quitter leurs terres, poussés vers l'ouest par d'autres peuples, notamment les Huns.

finances publiques et s'effondra. En 404, Honorius, craignant pour sa vie, transféra la capitale de Milan à Ravenne, mieux protégée par une ceinture de marécages. En dépit des succès militaires de Stilicon – grand général d'origine vandale et ancien mercenaire, beau-père et tuteur du jeune souverain –, qui sauva à plusieurs reprises l'Italie (victoires sur le Pô en 403 contre les Goths d'Alaric et, en 406, à Fiesole face aux Ostrogoths), les postes de défense romains sur le Rhin cédèrent en 406. Alamans, Burgondes, Suèves, Francs et Vandales déferlèrent sur la Gaule jusqu'à atteindre la péninsule Ibérique. La ville de Rome – fait véritablement inouï – fut saccagée par deux

La religion des Germains était fondée sur le culte des forces de la nature et les mythes guerriers.

Leurs ressources provenaient surtout de l'élevage, de la culture des céréales et de la chasse.

La loi n'existait que sous forme coutumière, et la justice relevait de la vengeance clanique, souvent satisfaite par le versement d'une somme d'argent.

L'organisation de la société reposait sur le clan familial, ou *sippe,* de structure monogamique et patriarcale, fortement solidaire, et était essentiellement guerrière. Les hommes, libres, élisaient un général qui avait tous pouvoirs le temps d'une guerre ; ils se liaient à lui par un serment de fidélité d'homme à homme, et il leur devait une part du butin. Ensuite, ce chef fut assimilé à un roi.

fois, en 410 par Alaric et en 455 par le Vandale Geiséric. D'immenses territoires furent perdus et dévastés par les Barbares, qui ne rencontrèrent aucune résistance sérieuse. La plus terrible invasion, celle des Huns, fut stoppée en 452 par le pape Léon Ier, qui s'avança sans défense au-devant d'Attila et obtint de lui qu'il épargnât Rome contre paiement d'un tribut.

Nombre de peuples barbares finirent par se fixer durablement dans les pays conquis : les Vandales en Afrique, les Wisigoths en Espagne, les Francs en Gaule, les Saxons et les Angles en Bretagne.

L'Italie, quant à elle, réussit à éviter qu'ils ne s'installent en nombre dans la péninsule, mais rien ne put sauver l'Empire d'Occident, qui s'écroula définitivement en 476,

Justinien voulut restaurer l'Empire dans son antique grandeur, et pour cela il commanda la compilation de tout le droit romain depuis Hadrien.

Le *Corpus iuris civilis,* compilation juridique regroupant les *Institutes*, le *Digeste* et le *Code Justinien,* a permis de connaître à la fois le droit romain à l'époque impériale et celui du temps de l'empereur Justinien.

La réalisation de ce « monument » du droit romain qu'est le Code Justinien fut confiée à dix juristes de haut niveau, dont le ministre Trébonien, qui travaillèrent de 528 à 534.

lorsque Odoacre, roi des Hérules, détrôna Romulus Augustule, le dernier empereur. Cette date symbolise en Europe le passage de l'Antiquité au Moyen Âge.

L'Italie et l'Orient

Le règne d'Odoacre prit fin avec le siège de Ravenne par Théodoric, roi des Ostrogoths (490-493). Ceux-ci, proches géographiquement – ils venaient des Balkans – et religieusement de Constantinople, avaient été envoyés contre Odoacre par Zénon, l'empereur d'Orient, soucieux d'abattre son rival et d'établir une tête de pont en Italie.

Le règne de Théodoric le Grand (493-526) fut, parmi les royaumes barbares d'Occident, le plus brillant et le plus prospère. Tous surent tirer parti de l'organisation administrative et de la loi romaines, qui avaient fait leurs preuves.

En 527 monta sur le trône d'Orient Justinien, un souverain cultivé, travailleur (il fut surnommé « l'empereur qui ne dort jamais »), époux de l'énergique et belle Théodora. Il eut pour grande ambition de reconstituer l'ancien Empire romain, et, avec l'aide des lois (Code Justinien) et des armes – le chef des armées Bélisaire batailla sur tous les fronts –, il y parvint à peu près. Mais pour une courte période. En 568, les Lombards – un nouveau peuple germanique venu de la plaine hongroise – envahit l'Italie. L'Empire d'Orient résista néanmoins encore longtemps, jusqu'en 1453, date de la chute de Constantinople.

Les Lombards avaient un niveau de civilisation assez rudimentaire, mais, peu à peu, ils subirent un processus d'assimilation auquel contribua certainement leur conversion au christianisme. C'est ainsi que, dans la première moitié du VIIIe siècle, le roi

Liutprand entreprit d'aider l'Église à affermir son propre pouvoir territorial et politique en échange de la reconnaissance officielle du royaume lombard d'Italie. Cet accord prit fin à la mort du roi, quand ses successeurs, conscients qu'autour du pape se développaient des influences hostiles à leur règne, se mirent à menacer ouvertement l'Église de Rome. Celle-ci fut bientôt amenée à solliciter contre eux l'aide des Francs.

L'empereur des Romains

Les Francs avaient constitué le plus grand et le plus peuplé des royaumes barbares.

En 774, leur roi Carolus, plus connu sous le nom de Charlemagne, mit définitivement en déroute les Lombards et coiffa la célèbre couronne de fer, englobant à son domaine la majeure partie de l'Italie.

Sa puissance s'accrut au point qu'il put conquérir

Des statues de Vénus et de Mars, ainsi que de divers empereurs, trônaient au Panthéon.

C'est leur refus du culte impérial qui fut l'un des motifs de la persécution des chrétiens.

la quasi-totalité de l'Europe centrale. Considérant que ce souverain était animé d'une foi réelle et profonde, le pape Léon III prit alors une décision d'une portée historique immense : le sacrer empereur afin qu'il réunisse sous son sceptre tous les peuples chrétiens d'Occident et que, en contrepartie, il protège militairement l'Église contre ses ennemis.

La nuit de Noël de l'an 800, dans la basilique Saint-Pierre de Rome, le pape posa donc sur la tête de Charlemagne la couronne le faisant solennellement empereur des Romains, maître d'un immense territoire qui s'étendait des Pyrénées à la Germanie orientale, de la mer du Nord à la Méditerranée.

Le geste du pontife conférait à l'Empire un caractère sacré et faisait du souverain un roi de droit divin, ce qui allait marquer profondément les monarchies occidentales pour des siècles.

La transformation du Panthéon
En 609, le pape Boniface IV transforma l'un des plus célèbres édifices du monde païen en église chrétienne, dédiée au culte de tous les saints.

Sauvé de la destruction
Sa transformation en église sauva le Panthéon d'une destruction certaine, à l'égal de nombre d'autres édifices romains.

Les reliques
Le pape Boniface fit transporter au Panthéon plus de vingt chariots d'ossements exhumés des catacombes et devenus des reliques de saints.

Index

Références iconographiques

Les illustrations contenues dans ce volume, inédites et originales, ont été réalisées sur les indications et grâce au suivi de DoGi spa, qui en détient le copyright.

Illustrations
b : bas ; c : centre ; d : droite ; g : gauche ; h : haut.

Alessandro Baldanzi : 16-17, 60-61, 68-69, 96-97 ; Alessandro Bartolozzi : 4-5, 22-23, 28-29 (carte), 100-101 ; Giovanni Bernardi : 76-77 ; Lorenzo Cecchi : 28-29 (scènes), 38-39, 38, 64-65, 82-83 ; Piergiorgio Citterio : 108-109 ; Paolo Donati : 54-55 ; Luigi Galante : 57 ; Giacinto Gaudenzi : 92-93 ; Roberto Lari : 52-53 ; Francesco Lo Bello : 62-63 ; 102-103 ; Bernardo Mannucci (infographie) : 8, 94-95 ; Andrea Ricciardi : 14-15 ; 34-35 ; 88-89, 118-119 ; Claudia Saraceni : 84-85, 104-105, 116-117 ; Sergio : 8-9, 20-21, 26-27, 40-41, 42, 46-47, 50-51, 86-87, 91, 98-99, 102-103, 114-115 ; Giacomo Soriani : 10-11, 18-19, 30-31, 36-37, 42-43, 58-59, 74-75, 80-81, 90-91 ; Ivan Stalio : 112-113 ; Studio Inklink : 6-7, 12-13, 24-25, 44bg, 44hd, 48-49, 56, 70-71, 78-79, 106-107, 110-111 ; Sansai Zappini (infographie) : 41b, 60, 73.

Reproductions et documents
DoGi a garanti, autant que possible, les éventuels droits des tiers. En cas d'omissions ou erreurs, elle présente d'ores et déjà ses excuses aux lecteurs et introduira les corrections opportunes dans les éditions ultérieures de cette œuvre.

Agence Luisa Ricciarini : 45hd, 45b, 56b ; Aldus Archive/Syndication International : 15 ; Archives DoGi, Florence : 6, 7, 21, 23g, 32g, 33h, 33b, 82, 83, 91, 99 ; Archives Scala, Florence : 66hg, 72, 92, 93, 98 ; Arris/Araldo De Luca, Rome : 59, 66c, 67g ; Bibliothèque nationale, Paris : 36 ; Bildkunstverlag Gerard/Waltraud Klammet : 81 ; Dagli Orti, Paris : 10 ; De Antonio, Rome : 28 ; Hirmer Fotoarchiv, Munich : 32d ; Michael Vickers : 35 ; Münzkabinett, Berlin : 73g ; Musée archéologique, Florence : 13g, 13d ; Musée du Louvre, Paris : 45hg, 51 ; Panini, Modena : 66hd ; Pedicini : 73bd ; Quilici, Rome : 25 ; Ronald Sheridan : 50 ; Rossenbach/Zefa : 103 ; V.D.F. La Photothèque : 23h, 23b, 44h, 67d, 76, 85 ; Valsecchi, Florence : 34, 47.
Frontispice : Andrea Ricciardi